Rencontres avec la poésie

un guide pratique pour la lecture et l'analyse du poème

Ca

Canadian Scholars'

Rencontres avec la poésie: un guide pratique pour la lecture et l'analyse du poème
Catherine M. Grisé

First published in 2002 by
Canadian Scholars' Press Inc.
180 Bloor Street West, Suite 801
Toronto, Ontario
M5S 2V6

www.cspi.org

"J'ai tracé dans ma vie un grand canal" by Henri Michaux was previously published in *Épreuves, exorcismes.* Copyright 1945 by Editions Gallimard. All rights reserved. Reprinted with permission.
"Quête de corps et de mots" by France Théoret was previously published in *Une Mouche au fond de l'oeil.* Copyright 1998 by Editions Les Herbes Rouges. All rights reserved. Reprinted with permission.

Every reasonable effort has been made to identify copyright holders. CSPI would be pleased to have any errors or omissions brought to its attention.

CSPI gratefully acknowledges the financial support of the Government of Canada through the Book Publishing Industry Development Program for our publishing activities.

National Library of Canada Cataloguing in Publication Data

Grisé, Catherine M.
    Rencontres avec la poésie : un guide pratique pour la lecture et
l'analyse du poème / Catherine M. Grisé.

Comprend des réf. bibliogr. et des index.
ISBN 1-55130-185-7

    1. Poésie française—Explication de texte. 2. Français (Langue) Versification. 3. Poésie française—Histoire et critique. 4. Poétique. 5. Poésie française—Explication de texte—Problèmes et exercices.
I. Titre.

PQ401.G74 2002   841.009   C2002-902144-8

Cover design by Susan Thomas/Digital Zone
Page layout by Brad Horning

02   03   04   05   06   07   7   6   5   4   3   2   1

Printed and bound in Canada by AGMV Marquis Imprimeur Inc.

Table des matières

Avant-propos

Le projet de ce livre est né d'un enseignement de la poésie française à des étudiants et étudiantes de premier cycle. Confrontés à un poème, ils se trouvent souvent sans les outils nécessaires pour aborder le texte. Ce manuel est destiné à leur rendre moins difficile l'accès à ce monde poétique qui est pour eux assez mystérieux. Les exercices qui accompagnent chaque chapitre renforcent les explications des différents aspects de la poésie. Ce qui est visé avant tout est de rendre l'étudiant capable de lire le poème d'une façon intelligente et ensuite de produire une analyse basée sur cette expérience. Les modèles proposés vers la fin de l'ouvrage permettront aux étudiants de faire leurs premiers pas dans l'exploration de la poésie française et francophone. Voici donc dans ces pages une approche à l'enseignement de la poésie qui représente mes propres pas dans l'aventure pédagogique—mes pas, «enfants de mon silence, / Saintement, lentement placés . . .» (Paul Valéry).

Introduction

Pourquoi analyser un poème? Si on éprouve un malaise ou une hésitation en abordant l'analyse d'un poème, c'est en partie parce qu'on sent instinctivement que la poésie possède une magie secrète. Nous avons peur de détruire le cercle magique du poème.

Et pourtant l'analyse doit apporter une appréciation plus profonde. L'analyse des procédés poétiques, comme la métaphore ou l'allitération, nous fera mieux pénétrer dans le monde du poème. Le voyageur qui prépare son départ pour un pays lointain, et qui une fois là-bas trouve un guide pour mieux s'orienter, tirera sans doute plus de plaisir et de profit de son voyage que celui qui se dit qu'il vaut mieux ne rien apprendre sur le pays d'avance et tout simplement *absorber* sur place la culture. Un voyage dans le domaine de la poésie demande aussi une préparation—et même un guide—ce qui sera largement récompensé par le plaisir éprouvé en lisant le texte avec un point de vue plus averti.

Le plaisir d'une rencontre avec un poème est créé par notre sentiment d'avoir pénétré dans un monde à part, un univers où toutes les parties sont parfaitement équilibrées et où chaque élément fait vibrer les autres. Cette expérience est donc libidinale et ludique. Libidinale, à cause du plaisir ressenti par cette rencontre intime, et ludique, à cause des jeux de langage et des rythmes mis en oeuvre par le poète. Notre tâche comme lecteurs de la poésie, c'est de comprendre autant que possible le discours poétique et tous les éléments qui concourent à produire le plaisir poétique. C'est ainsi que nous arriverons à mieux apprécier le poème à travers ses multiples manifestations, car les poètes sont des explorateurs aux frontières du langage. Parce que les outils poétiques se transforment à chaque époque, notre lecture des poèmes de diverses périodes historiques et de diverses cultures doit rester ouverte et bien informée. C'est dans le but d'affiner les compétences du lecteur—voyageur dans le pays poétique—que nous présentons ce guide pratique pour la lecture et l'analyse du poème.

Chapitre I

Début de l'analyse

1. La Lecture attentive du poème

Lors de la première lecture du poème, on essaie de rester attentif à ses premières impressions, à ses premières émotions, et à ses premières questions. Il est pourtant important à ce stade préliminaire de chercher dans un dictionnaire le sens de chaque mot qu'on ne comprend pas. En relisant le poème plusieurs fois—à haute voix, si possible—on cherche à formuler une première interprétation. Lire et comprendre un poème, ce n'est pas chercher à savoir ce que voulait dire le poète; c'est analyser **ce que dit le poème** et **comment** il le dit. Parce que le poème constitue son propre univers dans lequel chaque détail aide à créer une totalité, il est très important de ne pas négliger cette première étape, la lecture attentive du poème.

2. Le Thème principal et le sentiment dominant

Le thème principal est l'idée essentielle, le sens global du poème. Avant d'aborder le processus analytique, l'étudiant essaie d'identifier le thème principal et **le sentiment dominant** du texte. Le titre du poème constituera souvent l'indice principal dans la détermination du thème principal.

Chaque poème a sa propre façon de s'exprimer. En cherchant à comprendre le texte, il faut se rendre compte non seulement de **la dénotation** mais aussi de **la connotation** des mots. La dénotation, c'est la définition du mot qu'on trouve dans le dictionnaire, tandis que la connotation représente les sens implicites et affectifs qui s'ajoutent et qui entourent le sens premier d'un mot. Par exemple, les mots «mère» et «maman» ont le même sens, mais le second ajoute une connotation de familiarité et d'affectivité. Ces marqueurs subjectifs du locuteur en représentant les sens implicites des mots indiquent la position du locuteur envers le sujet de son discours. L'exemple des suffixes illustrera bien notre propos. L'expression «il écrit» dénote une action précise; mais si on ajoute le suffixe -*aille,* la connotation du mot ajoute un sens péjoratif: «il écrivaille». Dans le diagramme suivant, illustrant le mot «écrivaille», le sens dénoté est bien clair—encadré dans son rectangle aux lignes rigides; le sens connoté qui entoure la notion indique des nuances subjectives aux contours moins précis parce qu'elles appartiennent à l'ordre affectif.

Il écrivaille

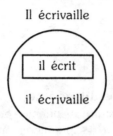

il écrit

il écrivaille

En lisant un texte poétique, le lecteur essaie donc de comprendre d'abord l'univers de référence construit par les valeurs dénotatives des mots. Chaque poème crée son propre univers de référence. Il s'agit alors de repérer la signification essentielle des mots. Dans un poème décrivant un paysage, par exemple, le mot «rossignol» dénote un petit oiseau. Pour établir **le thème dominant**, on mettrait ce mot en rapport avec d'autres qui fonctionnent ensemble pour créer l'univers de référence, c'est-à-dire, la description d'un paysage.

Ensuite, on passerait à la considération des valeurs connotatives des mots. Ce sont toutes les associations subjectives évoquées par les mots dans le contexte du poème; ce sont des éléments ajoutés au sens dénotatif. La subjectivité du locuteur entre donc en jeu aussi bien que les réactions subjectives du lecteur. C'est ainsi que seront révélés **les sentiments dominants**. Reprenons, par exemple, le mot «rossignol». Dans ce mot le lecteur reconnaîtrait un motif utilisé souvent par les poètes lyriques et fréquemment associé avec le thème de l'amour et un sentiment de mélancolie. On se souvient aussi de la triste histoire mythologique racontée par Ovide (*Métamorphoses* VI) dans laquelle la pauvre Philomèle, après beaucoup de souffrances, est transformée en rossignol. Ce mot est donc chargé de résonances subjectives qu'on mettrait en rapport avec d'autres réseaux connotatifs dans le texte.

Voici les dix derniers vers d'un poème par Paul Verlaine intitulé «Le Rossignol»:

10   Qu'au bout d'un instant on n'entend plus rien,
       Plus rien que la voix célébrant l'Absente,
       Plus rien que la voix—ô si languissante!—
       De l'oiseau que fut mon Premier Amour,
       Et qui chante encor comme au premier jour;
15   Et, dans la splendeur triste d'une lune
       Se levant blafarde et solennelle, une
       Nuit mélancolique et lourde d'été,
       Pleine de silence et d'obscurité,
       Berce sur l'azur qu'un vent doux effleure
20   L'arbre qui frissonne et l'oiseau qui pleure.

                                   (*Poèmes saturniens*, 1866)

Verlaine évoque un sentiment de tristesse; il se souvient d'une femme aimée qui est absente. Le poème est imprégné de cette mélancolie; le locuteur et la nature sont tous les deux submergés dans une tonalité sentimentale. La lune s'entoure d'une «splendeur triste» (v. 15); la nuit est «mélancolique» (v. 17). Le rossignol symbolise la femme aimée, «l'oiseau que fut mon Premier Amour» (v. 13). C'est aussi le rossignol qui représente la tristesse de l'amant dans le dernier vers: «L'arbre qui frissonne et l'oiseau qui pleure».

3. La Voix et la situation d'énonciation

On comprend par la situation d'énonciation, ou la situation discursive, tous les paramètres qui relient un poème à sa situation d'écriture. Ces relations multiples sont inscrites dans le texte du poème. Elles comprennent les marqueurs de l'acte d'énonciation, les indicateurs du temps et de l'espace, et la forme du discours utilisé.

L'acte d'énonciation se manifeste surtout par les pronoms employés dans le texte. Qui parle? Identifiez le *je*, cette voix poétique qui est **le locuteur** ou le sujet parlant. On l'appelle aussi **le destinateur**. Le pronom «je» n'est pas à interpréter comme le poète, personnage historique et réel, bien qu'assez souvent on parle du «poète» comme sujet parlant. Il s'agit dans la plupart des cas d'un dédoublement de la première personne tout comme on peut le noter dans le roman écrit à la première personne ou dans l'autobiographie. La voix qui parle est donc une fiction poétique.

Pour déterminer quelle est la situation discursive, il faut se poser aussi les questions suivantes: A qui s'adresse le locuteur? À un *tu* ou à un *vous*? Qui donc est ce **destinataire**? Est-ce le lecteur, un personnage fictif, ou parle-t-il à lui-même? Ou bien, le destinataire, reste-t-il implicite et anonyme?

Voici quelques vers d'un poème de Guillaume Apollinaire intitulé «Marie»:

> Vous y dansiez petite fille
> Y danserez-vous mère-grand
> C'est la maclotte qui sautille
> Toutes les cloches sonneront
> Quand donc reviendrez-vous Marie.

> (*Alcools*, 1913)

Dès le premier mot («Vous»), le lecteur comprend que le locuteur anonyme s'adresse directement à quelqu'une; c'est un discours direct à une femme aimée. Elle est identifiée dans le cinquième vers par le prénom *Marie*. Le *je* reste implicite dans la première strophe; c'est seulement dans les deux derniers vers de la deuxième strophe que le locuteur se manifeste explicitement par le pronom «je»:

> Oui je veux vous aimer mais vous aimer à peine
> Et mon mal est délicieux

La situation d'énonciation comprend aussi des dimensions spatiales et temporelles. Comment le texte est-il situé dans le temps et dans l'espace? Très souvent le poème existe dans un présent atemporel. S'agit-il plutôt d'une évocation du passé? À quel moment de la journée? de l'année? Quels sont les mots qui indiquent le lieu et le temps? Certains mots et groupes de mots qui rendent compte de la place du locuteur dans l'espace et de son insertion dans le temps sont identifiés par les linguistes comme des **déictiques** (C. Kerbrat-Orecchioni: 34-36); ce sont, parmi d'autres, des prépositions (*devant, derrière; avant, après*), des adverbes de lieu (*voici, voilà, ici, là*) ou de temps (*aujourd'hui, hier, demain*) et des démonstratifs (*ce, cette, ceci, cela*). Les temps verbaux de l'indicatif, s'ils s'organisent à partir de la perspective du locuteur, marquent aussi un rapport au locuteur et à sa situation dans le temps au moment où il parle. Dans «Le Lac» d'Alphonse de Lamartine, le poète s'imagine assis sur une pierre au bord du lac Bourget lamentant la mort de Julie, sa bien-aimée. Les temps verbaux sont des déictiques spatiaux qui situent l'événement dans le passé:

> Ô lac! l'année à peine a fini sa carrière,
> Et près des flots chéris qu'elle devait revoir,
> Regarde! Je viens seul m'asseoir sur cette pierre
> Où tu la vis s'asseoir!

> (*Méditations poétiques*, 1820)

4. Le Ton

Chaque texte possède **un ton** (une attitude envers les thèmes ou envers le destinataire). Si l'auteur envisage le sujet d'un oeil appréciatif, il emploie un vocabulaire mélioratif; la connotation est **euphorique**. Mais si, au contraire, il adopte un vocabulaire péjoratif, c'est pour créer un ton dépréciatif ou dysphorique; la connotation est alors **dysphorique**. Le ton peut être réaliste, fantastique, lyrique, épique, tragique, comique, pathétique, satirique, ou ironique. Le ton lyrique, par exemple, s'exprime à travers un locuteur qui parle à la première personne et le plus souvent se signale par un vocabulaire affectif et familier, par des interjections et des hyperboles (exagérations) et par la personnification de la nature. On peut caractériser le ton épique, par ailleurs, par un niveau de langue élevé, par la longueur des vers, par des comparaisons soutenues et par l'emploi dramatique des déictiques. Le ton satirique se distingue le plus souvent par son emploi de mots ayant un sens péjoratif et par l'emploi de superlatifs et d'antithèses (oppositions de deux expressions) qui tendent à rendre ridicule le destinataire ou l'objet visé par la satire. Il est très important de relever les indices du ton afin de bien interpréter le poème.

Le poète québécois Blanche Lamontagne-Beauregard adopte un ton lyrique dans ce sonnet intitulé «Voiles blanches»:

> Ô ciel pur, que ma jeune prunelle éblouie,
> Jadis, a contemplé toujours avidement,
> Voiles blanches, splendeurs divines, ondoiement,
> Coups d'ailes, vols légers du ciel de Gaspésie,
>
> 5   Mer argentée où l'oeil fidèle s'extasie,
> Gais départs qui ne sont que recommencement,
> Horizon infini qui parle éperdument
> De rêve, d'envolée et d'âpre poésie;
>
> C'est grâce à vous que j'ai dans mon coeur étoilé
> 10   Des voiles en partance et du désir ailé,
> C'est grâce à vous que j'ai maintenant en mon âme
>
> Des blancheurs de flotille aux mirages lointains,
> Et que mon rêve, épris d'aubes et de matins,
> Est une flotte immense aux voilures de flamme! . . .
>
> (*Ma Gaspésie*, 1928)

Le locuteur parle à la première personne, ce qui est indiqué explicitement par le pronom personnel «je» (vv. 11 et 13) et par l'adjectif possessif (vv. 1, 9, 11 et 13). Le ton lyrique se traduit aussi par l'exclamation «Ô ciel pur» (v. 1), par des exagérations («éblouie»; «divines»; «s'extasie») et par la personnification de la nature: «Horizon infini qui *parle*». En effet, tout le poème est une apostrophe, car le poète s'adresse aux divers éléments de la nature qui sont ainsi personnifiés comme destinataires du poème.

5. La Structure et l'organisation

Les modes de construction du poème varient d'une époque à l'autre. Avant la période romantique, une construction logique était la norme. Depuis la fin du XIXe siècle, d'autres principes entrent souvent en jeu. La structure va varier aussi selon la forme du discours: s'agit-il d'un mono-logue, d'un dialogue, d'une situation dramatique, d'une narration, d'une description? La première démarche à suivre en déterminant le principe d'organisation est de trouver les différentes parties du poème, tout en pensant au thème principal. Commencez par les structures les plus grandes: l'introduction, le développement, la conclusion. Il faut toujours lier cette étude de la structure à la disposition du poème en strophes et en groupes de vers. Les strophes, sont-elles autonomes et forment-elles des phrases complètes? Notez les signes de ponctuation, s'il y en a, pour trouver des indices de la structure.

Etudiez **le déroulement** du poème: la succession des arguments, des émotions, des faits, l'évolution des sentiments, la structure associa-tive (des champs lexicaux ou des figures de style, par exemple). Notez **l'ordre** dans lequel ces éléments sont présentés: ordre chronologique, ordre logique, ordre narratif, ou ordre dramatique. Le poème, passe-t-il d'une idée générale à une idée spécifique? Relevez **les transitions** en-tre les parties—sont-elles logiques, émotives, temporelles, spatiales? Ou bien, si le poème n'a pas d'ordre logique, est-il bâti autour d'un symbole, d'une allusion mythologique, d'une accumulation de métaphores? Nous verrons dans les chapitres qui suivent que le poème moderne se déroule souvent moins logiquement que le poème classique et se règle sur d'autres principes d'organisation.

La structure, est-elle claire et ordonnée ou y a-t-il des ruptures qui créent une structure déséquilibrée? Relevez les oppositions, c'est-à-dire, les structures antithétiques. Relevez aussi les parallélismes, c'est-à-dire le rapprochement de phrases ou de propositions possédant une structure grammaticale semblable.

Quant à la conclusion, donne-t-elle l'impression d'une fin satisfaisante, de ce qu'on appelle **la clôture**? Ou bien, a-t-on l'impression de revenir aux idées ou aux sentiments du début—ce qui donnerait un mouvement circulaire au poème?

Exercices

1. Identifiez le thème principal et le sentiment dominant dans ce poème.

Derniers vers

L'heure de ma mort, depuis dix-huit mois,
De tous les côtés sonne à mes oreilles.
Depuis dix-huit mois d'ennuis et de veilles,
4   Partout je la sens, partout je la vois.

Plus je me débats contre ma misère,
Plus s'éveille en moi l'instinct du malheur;
Et, dès que je veux faire un pas sur terre,
8   Je sens tout à coup s'arrêter mon coeur.

Ma force à lutter s'use et se prodigue.
Jusqu'à mon repos, tout est un combat;
Et comme un coursier brisé de fatigue,
12   Mon courage éteint chancelle et s'abat.

(Alfred de Musset, *Poésies complètes*, 1840)

2. Voici les deux dernières strophes d'un sonnet par Sylvain Garneau. Identifiez le thème principal et le sentiment dominant en relevant les significations dénotées et les marqueurs de connotation.

Il aperçut un homme qui le regardait
10   Fixement, accoudé sur une table proche.
L'homme était ivre un peu, assez vieux, et très laid.

Mais sa barbe soyeuse et son regard caché
Lui faisaient un aspect digne, un peu recherché,
14   Malgré son habit sale et sa cravate croche.

(*Objets retrouvés*, 1965)

3. Dans cette première strophe d'une épitaphe identifiez le destinateur et le destinataire:

Veux-tu savoir, passant, quel a été mon être?
Saches que la nature, et fortune, et les Cieux,
Noble, riche, et savant autrefois m'ont fait naître,
Me rendant possesseur de leurs dons précieux.

(Madeleine des Roches, *Oeuvres*, 1579)

4. Quelle est la situation discursive dans les vers qui suivent? Indiquez qui parle, qui est le destinataire, et s'il y a des marqueurs indiquant le temps ou le lieu.

<blockquote>
Voici des fruits, des fleurs, des feuilles et des branches
Et puis voici mon coeur qui ne bat que pour vous.
Ne le déchirez pas avec vos deux mains blanches
Et qu'à vos yeux si beaux l'humble présent soit doux.

J'arrive tout couvert encore de rosée
Que le vent du matin vient glacer à mon front.
Souffrez que ma fatigue à vos pieds reposée
Rêve des chers instants qui la délasseront.

Sur votre jeune sein laissez rouler ma tête
Toute sonore encor de vos derniers baisers;
Laissez-la s'apaiser de la bonne tempête,
Et que je dorme un peu puisque vous reposez.
</blockquote>

4

8

12

(Paul Verlaine, *Romances sans paroles*, 1874)

5. Relevez les indices du locuteur et du destinataire dans les deux passages suivants:

a)
<blockquote>
Je me souviens de toi   Gilles   Mon frère oublié dans
la terre de Sicile   Je me souviens d'un matin d'été à
Montréal je suivais ton cercueil vide   J'avais dix ans
Je ne savais pas encore
</blockquote>

(Jacques Brault, *Mémoire*, 1965)

b)
<blockquote>
Oh, si j'étais en ce beau sein ravie
De celui-là pour lequel vais mourant;
Si avec lui vivre le demeurant
De mes courts jours ne m'empêchait envie:

Si m'accolant me disait: chère Amie,
Contentons-nous l'un l'autre! . . .
</blockquote>

5

(Louise Labé, *Oeuvres*, 1555)

6. Relevez dans les vers suivants les déictiques spatiaux:

<blockquote>
Auprès de cette grotte sombre
Où l'on respire un air si doux,
L'onde lutte avec les cailloux,
Et la lumière avec l'ombre.
</blockquote>

4

Ces flots lassés de l'exercice
Qu'ils ont fait dessus ce gravier,
Se reposent dans ce vivier
8   Où mourut autrefois Narcisse.

(François Tristan L'Hermite, *Les Amours*, 1638)

7. Dans les vers suivants de Victor Hugo, est-ce que le ton est pathétique, épique, ou satirique? Justifiez votre réponse en citant les éléments du texte sur lesquels vous vous appuyez.

Ils se battent—combat terrible—corps à corps.
Voilà déjà longtemps que leurs chevaux sont morts;
Ils sont là tous les deux dans une île du Rhône.
Le fleuve à grand bruit roule un flot rapide et jaune,
5   Le vent trempe en sifflant les brins d'herbe dans l'eau.
L'archange Saint Michel attaquant Apollo
Ne ferait pas un choc plus étrange et plus sombre;
Déjà, bien avant l'aube, ils combattent dans l'ombre.

(Victor Hugo, *La Légende des siècles*, 1877)

8. Analyser la structure de ce poème de Jacques Prévert:

Tant Pis

Faites entrer le chien couvert de boue
Tant pis pour ceux qui n'aiment ni les chiens ni la boue
Faites entrer le chien entièrement sali par la boue
Tant pis pour ceux qui n'aiment pas la boue
5   Qui ne comprennent pas
Qui ne savent pas le chien
Qui ne savent pas la boue
Faites entrer le chien
Et qu'il se secoue
10   On peut laver le chien
Et l'eau aussi on peut la laver
On ne peut pas laver ceux
Ceux qui disent qu'ils aiment les chiens
À condition que . . .
15   Le chien couvert de boue est propre
La boue est propre
L'eau est propre aussi quelquefois
Ceux qui disent à condition que . . .
Ceux-là ne sont pas propres
20   Absolument pas.

(*Paroles*, 1946)

Chapitre II

La Versification:
le mètre

1. Le Vers et le mètre

Un poème est composé de vers [attention: ce ne sont pas «des lignes»]. Le vers traditionnel—avant le vers libre du XIXe siècle—est lié même dans son étymologie (*versus*, en latin) à la notion d'un retour, c'est-à-dire, la disposition en lignes et le retour d'éléments identiques, de mesures régulières et de rimes. La versification est donc l'acte de «faire des vers» (*facere* + *versus*).

Comme la musique, le vers est mesuré. L'unité de mesure dans la poésie française est la syllabe. C'est pourquoi on doit éviter le terme «pied» qui s'applique au vers latin ou au vers anglais.

Le mètre est le nombre de syllabes prononcées dans un vers. Comprendre la métrique syllabique, c'est donc d'abord savoir compter les syllabes. On peut rencontrer quatre types de syllabes: consonne-voyelle (*me, si*); consonne-voyelle-consonne (*coq, pour*); voyelle (*à, on*); voyelle-consonne (*or, art*). Chaque syllabe n'a qu'une voyelle *prononcée*. Chaque syllabe commence, si possible, par une consonne. À l'intérieur d'un vers on fait **la liaison**—sauf à la césure (une pause au milieu d'un vers); ainsi, une consonne à la fin d'un mot se lie avec la voyelle du mot suivant pour faire une syllabe (sauf dans le cas d'une liaison interdite, comme un *h* aspiré):

Le Chêne, un jour, dit au roseau   (Jean de La Fontaine)

On divise ce vers ainsi, chaque syllabe n'ayant qu'une voyelle **prononcée** :

Le/ Chê/ne, un/ jour/, di/t au/ ro/ seau

Certaines consonnes doubles restent toujours ensemble; c'est le cas quand la deuxième consonne est *l* ou *r* (a/près, com/plet). Les autres consonnes doubles se divisent, la deuxième se liant avec la voyelle suivante (quel/que, lais/sé).

Deux problèmes surtout se présentent pour le compte des syllabes dans la poésie traditionnelle: l'*e muet* et la diérèse.

2. Le Problème de l'*e muet*

L'*e muet* (ou *caduc* ou *atone*) est une voyelle qui n'est pas d'habitude prononcée dans la langue parlée. Mais dans la poésie traditionnelle cette voyelle se prononce assez souvent. Elle n'est jamais comptée à la fin d'un vers même si elle est suivie de -*s* (frères) ou de -*nt* (regardent). À la fin d'un mot, l'*e muet* est prononcé si le mot suivant commence par une consonne («France mère des arts») ou un *h* aspiré. Il ne se prononce pas devant une voyelle ou un *h* muet. Dans le vers suivant, par exemple, l'*e muet* à la fin de «Chêne» n'est pas prononcé: «Le Chêne, un jour, dit au roseau».

À l'intérieur d'un mot, l'*e muet* se prononce dans la poésie (plaisanterie), sauf entre voyelle et consonne (remerciement) ou dans les terminaisons des verbes en -*aient*.

3. Diérèse et synérèse

La poésie française classique essayait d'éviter **l'hiatus**, c'est à dire, la rencontre de deux voyelles prononcées—«Il alla *à* sa maison». François Malherbe, au début du XVIIe siècle, a proscrit l'hiatus. Néanmoins, au XIXe siècle, les poètes ont enlevé ce tabou en découvrant les effets stylistiques de la **diérèse**. Ce procédé est basé sur le fait que dans la poésie certaines voyelles qui sont normalement prononcées en une syllabe peuvent se prononcer en deux syllabes. La **diérèse** est donc la séparation en deux syllabes de deux voyelles qui se suivent (*li/on*, *pi/ed*). La **synérèse** est la prononciation de ces mêmes voyelles en une seule syllabe. Si dans un poème où tous les autres vers sont de douze syllabes, vous en trouvez un de onze syllabes, relisez le vers en cherchant un mot avec une combinaison de voyelles telle que *ui*, *ieu*, *oue*, et plus souvent *io* ou *ie*. La **diérèse** s'emploie pour mettre en valeur certains mots et idées. Dans le vers suivant le poète a choisi d'étendre l'articulation du mot «expansion» pour lui donner quatre syllabes au lieu de trois, renforçant ainsi le sens du mot.

Ayant l'expans*io*n des choses infinies.   (Charles Baudelaire)

Certains poètes du XXe siècle ont continué l'utilisation de la diérèse à des fins stylistiques, comme dans ces vers de Paul Valéry:

Assise, la fileuse au bleu de la croisée
Où le jardin mélodieux se dodeline;
Le rouet ancien qui ronfle l'a grisée.

(*Album de vers anciens*, 1920)

4. Les Noms des mètres

Le vers de douze syllabes s'appelle un **alexandrin**. Le vers de dix syllabes est un **décasyllabe**. Le vers de huit syllabes est un **octosyllabe**. Ce sont les mètres, ou mesures, les plus fréquents dans la poésie traditionnelle. On décrit les autres tout simplement comme un vers de quatre syllabes, un vers de sept syllabes, etc. Verlaine, dans son poème «L'Art poétique», disait du **mètre impair** (de 3, 5, 7, 9 syllabes) qu'il était plus musical, plus léger, «sans rien en lui qui pèse ou qui pose».

5. Vers libres et poésie moderne

Vers la fin du XIXe siècle, quelques poètes, notamment Gustave Kahn, Marie Krysinska et Jules Laforgue ont voulu créer une poésie qui, tout en gardant le souvenir des éléments traditionnels, expérimente—et se révolte même—contre les pratiques de la poésie classique. Il est très difficile de déterminer le nombre de syllabes dans un **vers libre** surtout parce que les règles classiques concernant l'*e muet* ne fonctionnent plus. Dans le vers suivant de Francis Jammes, faut-il prononcer 12 syllabes, 10 syllabes, ou même 11 syllabes?

Qu'est-ce que ça vous fait, puisque la mère pleure?

Certains de ces vers-libristes ont abandonné le principe même de la métrique syllabique, adoptant un rythme personnel basé sur des accents subjectifs. Voici des vers libres d'Alfred Jarry:

La
gondole spectre que hala
la mort sous les pots de pierre en ogive,
illuminant son bord brodé
dé-
rive.

(*Les Minutes de sable mémorial*, 1894)

Les surréalistes ont expérimenté avec un automatisme psychique et avec la transcription des rêves pour traduire les mouvements de la pensée hors de tout contrôle conscient. Leurs poèmes, sans perdre tout à fait un souvenir de la tradition poétique, fonctionnent sans contraintes métriques. Voici quelques vers de Benjamin Péret:

Mon avion en flammes mon château inondé de vin du Rhin
mon ghetto d'iris noirs mon oreille de cristal
mon rocher dévalant la falaise pour écraser le garde champêtre
mon escargot d'opale mon moustique d'air
(Dormir, dormir dans les pierres, 1927)

Parmi les différentes expériences qui ont été tentées, on peut noter aussi celle qui consiste à allonger le vers. Louis Aragon, par exemple, compose des vers de dix-sept syllabes dans *Le Fou d'Elsa* (1963):

Ô petite fille pareille à la fleur subite de l'agave
Mensonge improvisé qui ne distingues point le jeu de la vie
Complice du crime innocent au milieu des rires soudain grave
On ne t'a pas donné d'entrer en scène. Et quand la fausse Elsa vit . . .

Depuis le début du XXe siècle, des poètes, prenant pour modèle la Bible, ont composé des **versets**. Plus long que le vers traditionnel et basé sur le rythme du souffle humain, le verset est une unité qui comprend plusieurs lignes de longueurs variées. Il se différencie de la prose par l'importance accordée au rythme; c'est une forme poétique sans rime et sans mètre. Selon Paul Claudel, le verset est apte à exprimer les grandes émotions et à évoquer le désir de dépasser les limites de la condition humaine pour entrer en contact avec un monde spirituel inconnu:

Salut donc, ô monde nouveau à mes yeux, ô monde maintenant total!
Ô credo entier des choses visibles et invisibles, je vous accepte avec un coeur catholique!
Où que je tourne la tête
J'envisage l'immense octave de la Création!
Le monde s'ouvre et, si large qu'en soit l'empan, mon regard le traverse d'un bout à l'autre.
(Paul Claudel, *Cinq grandes odes*, 1910)

Depuis Paul Claudel, le verset se pratique de plus en plus. Des poètes français (Saint-John Perse, Jules Supervielle, Pierre Emmanuel, René Char, Blaise Cendrars), des poètes québécois (Suzanne Paradis, Yves Préfontaine, Louky Bersianik) et d'autres poètes francophones (Léopold

Senghor, Aimé Césaire) l'emploient. Voici quelqes versets du poème intitulé «Pluie» par Anne Hébert:

> Pluie sur la ville qui s'ébroue, ses chevaux de pierre aux fontaines, sabots, crinières, beaux griffons, fument les rues mouillés, roulent les quais rouillés,

> Toi, ta force et ton sommeil, ton rêve sous ta paupière fermée, amande noire au coeur de la nuit, ton bras sur mes reins, comme une ceinture,

> Pluie sur la vitre, faufils, aiguilles liquides; de grands métiers tremblent, lissent ton sort et le mien, tisserands aveugles, rivières, fleuves, la nuit, navette et fuseaux, se dévide, forêts de feuilles fraîches secouées,

(Le Jour n'a d'égal que la nuit, 1992)

Le poème en prose est un genre qui pousse encore plus loin les limites de la poésie et qui lance en effet un plus grand défi à la distinction traditionnelle entre la prose et la poésie. Charles Baudelaire vise dans ses *Petits poèmes en prose* la création «d'une prose poétique, musicale sans rythme et sans rime, assez souple et assez heurté pour s'adapter aux mouvements de l'âme, aux ondulations de la rêverie, aux soubresauts de la conscience». D'autres poètes ont suivi ce chemin, parmi lesquels: Arthur Rimbaud, Francis Jammes, Pierre Reverdy, René Char, Henri Michaux, Claude Esteban et France Théoret. C'est ainsi qu'au XXe siècle les marqueurs de la spécificité poétique sont devenus beaucoup plus flous. Le poème en prose substitue à la rime et au mètre des recherches rythmiques et phoniques:

> Il faut être toujours ivre. Tout est là: c'est l'unique question. Pour ne pas sentir l'horrible fardeau du Temps qui brise vos épaules et vous penche vers la terre, il faut vous enivrer sans trêve.
> Mais de quoi? De vin, de poésie ou de vertu, à votre guise. Mais enivrez-vous.
> Et si quelquefois, sur les marches d'un palais, sur l'herbe verte d'un fossé, dans la solitude morne de votre chambre, vous vous réveillez, l'ivresse déjà diminuée ou disparue, demandez au vent, à la vague, à l'étoile, à l'oiseau, à l'horloge, à tout ce qui fuit, à tout ce qui gémit, à tout ce qui roule, à tout ce qui chante, à tout ce qui parle, demandez quelle heure il est; et le vent, la vague, l'étoile,

l'oiseau, l'horloge, vous répondront: «Il est l'heure de s'enivrer! Pour n'être pas les esclaves martyrisés du Temps, enivrez-vous sans cesse! De vin, de poésie ou de vertu, à votre guise».

(Charles Baudelaire, *Petits poèmes en prose,* 1869)

Dans ce poème en prose le locuteur exprime le besoin obsédant d'échapper à la banalité de la vie quotidienne. Notons, par exemple, le jeu des rythmes dans la première phrase du dernier paragraphe. La syntaxe isole certains groupes de mots qui se répondent; c'est surtout autour de cinq objets (le vent, la vague, l'étoile, l'oiseau, l'horloge) que le poète construit sa phrase. Ces objets sont évoqués dans le même ordre à trois reprises mais avec de légères différences («au vent»; «à tout ce qui fuit»; «le vent»). On entend des groupes de six syllabes au début («sur les marches d'un palais, / sur l'herbe verte d'un fossé, / dans la solitude morne ») suivis des groupes où domine un rythme de trois syllabes («à la vague, / à l'étoile, / à l'oiseau, / à l'horloge»), ensuite un rythme de quatre syllabes («à tout ce qui fuit, / . . . , / à tout ce qui roule, / à tout ce qui chante, / à tout ce qui parle»), et puis de deux syllabes («le vent, / la vague, / l'étoile, / l'oiseau, / l'horloge»). Ce sont de tels rythmes qui scandent le poème en prose, et qui avec d'autres phénomènes de récurrence (sonorités, répétitions de mots et de structures syntaxiques) lui donnent sa spécificité poétique.

On peut dire que les poètes contemporains ont la plus grande liberté. Ils peuvent opter pour un vers métrique traditionnel, ou bien, composer à leur guise des vers non-mesurés, des versets, ou des poèmes en prose. Souvent on n'a pas tort de chercher des mètres traditionnels qui, sous-jacents, ancrent, pour ainsi dire, les vers tout en permettant au poète d'être affranchi de la mesure traditionnelle. Voici quelques vers d'Andrée Chedid:

> Le monde succombe
> Aux mains des égorgeurs
> En carcan de haine
> Qui déciment les corps innocents
>
> (*Par-delà les mots,* 1995)

Le premier vers a cinq syllabes; le deuxième en a six. Dans le vers suivant le rythme de cinq syllabes revient pour faire pendant au vers du début. C'est ainsi qu'on attend un parallélisme entre le vers 2 et le vers 4—et on n'est pas déçu. Si les six premières syllabes du dernier vers font une unité rythmique, c'est pour mettre l'accent sur le mot «innocents», un mot chargé de sens dans ce contexte.

En fin de compte, il faut avouer que le vers ne se libère jamais complètement de l'empreinte de la versification traditionnelle.

Exercices

1. Étudiez l'exemple où les *e muets* prononcés sont soulignés et les *e muets* non-prononcés sont mis entre parenthèses. Ensuite, indiquez de la même façon les *e muets* prononcés et les *e muets* non-prononcés dans l'exercice qui suit. Notez aussi le nom des mètres.

Exemple: Je fais souvent ce rêv(e) étrang(e) et pénétrant
                D'une femm(e) inconnu(e), et que j'aim(e), et qui
                    m'aim(e).

                                              (Paul Verlaine)

a)   Que ces vains ornements, que ces voiles me pèsent!
          Quelle importune main, en formant tous ces noeuds,
          A pris soin sur mon front d'assembler mes cheveux?
          Tout m'afflige et me nuit, et conspire à me nuire.
                                    (Jean Racine, *Phèdre*, 1677)

b)   Elle part comme un dauphin.
          Comme un dauphin elle saute,
          Elle plonge comme lui.
          (Alfred de Vigny, *Poèmes antiques et modernes*, 1826)

c)   Le vent froid de la nuit souffle à travers les branches
          Et casse par moments les rameaux desséchés;
          La neige, sur la plaine où les morts sont couchés,
          Comme un suaire étend au loin ses nappes blanches.
                        (Leconte de Lisle, *Poèmes barbares*, 1862)

d)   Elle est debout sur mes paupières
          Et ses cheveux sont dans les miens,
          Elle a la forme de mes mains,
          Elle a la couleur de mes yeux,
          Elle s'engloutit dans mon ombre
          Comme une pierre sur le ciel.
                        (Paul Eluard, *Mourir de ne pas mourir*, 1924)

2. Divisez les vers suivants en syllabes en suivant ce modèle: **«Com/me u/ne/ bel/le/ fleu/r as/si/se en/tre/ les/ fleurs»**. Remarquez qu'on coupe la syllabe entre deux consonnes (sauf dans le cas de consonne + r; consonne + l). Les syllabes ont une tendance à commencer par une consonne.

a)   Homme, pourquoi gémir devant la mort des feuilles
       Et de ce que ton pied marche en sa vanité?
       Eh quoi! N'as-tu jamais songé, quand tu les cueilles,
       Que le charme des fleurs, c'est leur fragilité?
                            (Robert Choquette, *À travers les vents*,)

b)   Je m'appuierai si bien et si fort à la vie,
       D'une si rude étreinte et d'un tel serrement
       Qu'avant que la douceur du jour me soit ravie
       Elle s'échauffera de mon enlacement.
                    (Anna de Noailles, *Le Coeur innombrable*, 1901)

3. Indiquez si les syllabes en gras dans les vers suivants sont à lire avec diérèse ou synérèse:

a)   Passants, ayez quelque pi**tié**,
       Qu'il vous sou**vien**ne une **prière**,
       Car pratiquait **bien** dur mé**tier**
       Le chiffon**nier** de nos misères.
                    (Alphonse Piché, *Ballades de la petite extrace*, 1946)

b)   À l'âge où l'on croit à l'Amour,
       J'étais seul dans ma chambre un jour,
       Pleurant ma pre**miè**re misère.
       Au coin de mon feu vint s'asseoir
       Un étranger vêtu de noir,
6   Qui me ressemblait comme un frère.

       Il était morne et sou**cieux**,
       D'une main il montrait les **cieux**,
       Et de l'autre il tenait un glaive.
       De ma peine il semblait souffrir,
       Mais il ne poussa qu'un soupir,
12   Et s'éva**nouit** comme un rêve.
                    (Alfred de Musset, *La Nuit de décembre*, 1835)

4. Indiquez le mètre de chaque vers (octosyllabe, décasyllabe, alexandrin) et dites si les vers sont impairs (de 3, 5, 7, 9 syllabes) ou pairs (de 2, 4, 6, 8 syllabes):

       Une montagne en mal d'enfant
       Jetait une clameur si haute,

> Que chacun, au bruit accourant,
> Crut qu'elle accoucherait, sans faute,
> 5   D'une cité plus grosse que Paris:
> Elle accoucha d'une souris.
> Quand je songe à cette fable,
> Dont le récit est menteur
> Et le sens est véritable,
> 10   Je me figure un auteur
> Qui dit: «Je chanterai la guerre
> Que firent les Titans au maître du tonnerre».
> C'est promettre beaucoup: mais qu'en sort-il souvent?
> Du vent.

(Jean de La Fontaine, *Fables*, 1668)

5. Trouvez quelques rythmes métriques dans ce poème en prose. N'oubliez pas que les *e muets* sont parfois prononcés, mais d'une façon capricieuse.

À droite l'aube d'été éveille les feuilles et les vapeurs et les bruits de ce coin du parc, et les talus de gauche tiennent dans leur ombre violette les mille rapides ornières de la route humide. Défilé de féeries. En effet : des chars chargés d'animaux de bois doré, de mats et de toiles bariolées, au grand galop de vingt chevaux de cirque tachetés, et les enfants et les hommes sur leurs bêtes les plus étonnantes; —vingt véhicules, bossés, pavoisés et fleuris comme des carrosses anciens ou de contes, pleins d'enfants attifés pour une pastorale suburbaine. —Même des cercueils sous leurs dais de nuit dressant les panaches d'ébène, filant au trot des grandes juments bleues et noires.

(Arthur Rimbaud, *Illuminations*, 1886)

Chapitre III

La Versification:
la rime

Deux mots riment quand *au moins* leur dernière voyelle *sonore* est identique. La rime, étant un marqueur de la fin des vers, établit un parallélisme d'un vers à l'autre. C'est ainsi qu'elle joue souvent un rôle sémantique, mettant en valeur les oppositions ou les équivalences entre les mots qui riment. On doit prendre en compte la rime comme un procédé poétique qui joue un rôle considérable dans l'organisation du poème, dans sa musicalité et dans la création de ses rythmes.

1. L'Alternance des rimes: rimes masculines et rimes féminines

Quand les deux mots rimés se terminent par un *e muet*, on est en présence d'une **rime féminine**: mère / père. Il faut noter que l'*e muet* est souvent suivi de consonnes non prononcées (laissent / portèrent); ce sont toujours des rimes féminines.

Quand les deux mots rimés ne se terminent pas par un *e muet*, il s'agit d'une **rime masculine**: mer / cher.

Selon les normes de la poésie classique, on ne peut pas rimer un mot se terminant par un *e muet* et un mot ne se terminant pas par un *e muet*: mer / père.

Depuis le XVIe siècle, la poésie française traditionnelle pratique **l'alternance des rimes** masculines et féminines. Si la première rime est masculine, elle doit être suivie par une rime féminine, et vice versa. Dans les vers suivants, par Charles Baudelaire, la rime féminine en -*tige* est suivie par la rime masculine en -*soir*.

> Voici venir les temps où vibrant sur sa *tige*
> Chaque fleur s'évapore ainsi qu'un *encensoir*;
> Les sons et les parfums tournent dans l'air du *soir*;
> Valse mélancolique et langoureux *vertige*!
>
> (*Les Fleurs du mal*, 1857)

2. La Qualité des rimes

La rime est **pauvre** quand il n'y a qu'**une** voyelle sonore identique: f*ou* / l*oup*.

La rime est **suffisante** quand **deux** éléments sonores sont identiques, une voyelle suivie d'une consonne: m*ère* / p*ère*, ou une consonne suivie d'une voyelle: ai*mé* / affa*mé*. La rime f*oi* / r*oi* est suffisante parce qu'un son consonantique [w] et une voyelle [a] sont présents.

La rime est **riche** quand **plus de deux** éléments sonores sont identiques: na*ture* / aven*ture*; inj*uste* / arb*uste*; p*laine* / ha*leine*.

Notez bien: Il ne s'agit pas de l'orthographe des mots, mais plutôt de leur prononciation. La rime r*oux*—p*oux* est pauvre, tout ainsi que la rime t*eint*—p*ain*.

3. La Disposition des rimes

Les vers suivants par le poète Jean-Baptiste Chassignet sont écrits en rimes **plates** (**aa**, **bb**, **cc**, etc.):

De l'air voisin du ciel, tu vois comme souvent	a
Il passe en pluie et nue, en orage et en vent.	a
Descends plus bas encore et diligemment sondes	b
Le naturel divers et des eaux et des ondes:	b
Ces fleuves spacieux, ces lacs, et ces ruisseaux,	c
Desquels nous estimons éternelles les eaux . . .	c

(*Le Mespris de la vie et consolation contre la mort*, 1594)

Les rimes suivantes, dans un poème par le poète québécois Éva Sénécal, sont **croisées** (**abab**):

Le vent du Nord souffle en rafale,	a
Sur les hameaux;	b
Il bondit, se tord et dévale	a
Des hauts coteaux.	b

(*La Course dans l'aurore*, 1929)

Les vers suivants par Robert Desnos sont écrits en rimes **embrassées** (**abba**):

C'est l'heure où panaché de fumée et de suie,	a
Le toit comme une plage offre au fantôme nu	b
Son ardoise où mirer le visage inconnu	b
De son double vivant dans un miroir de pluie.	a

(*État de veille*, 1943)

Les rimes suivantes sont **redoublées (aaab)**:

Avec ses lumineux frissons	a
Elle a de si douces façons	a
De se pencher sur les buissons	a
Et les clairières!	b

(Maurice Rollinat, *Paysages et paysans*, 1899)

La rime **équivoquée** était pratiquée surtout par les Grands Rhétoriqueurs de la fin du XVᵉ siècle. Dans ces vers les mots qui riment n'ont pas le même sens, mais sont prononcés de la même façon («rimassez» / «rime assez»). Les deux vers les mieux connus pour leur homonymie parfaite sont souvent attribués à Victor Hugo, mais sont probablement de Marc Monnier:

Gal, amant de la Reine, alla, tour magnanime,
Galamment de l'arène à la tour Magne à Nîmes.

Même à l'époque classique on pratiquait des rimes **mêlées**. Dans *Les Fables* de Jean de La Fontaine, les rimes changent selon la fantaisie du poète. Les vers qui suivent adoptent la disposition **ababccddeee**, c'est-à-dire des rimes embrassées suivies de rimes plates avec un redoublement de la dernière rime.

Deux pigeons s'aimaient d'amour tendre:
L'un d'eux, s'ennuyant au logis,
Fut assez fou pour entreprendre
Un voyage en lointain pays.
5   L'autre lui dit: «Qu'allez-vous faire?
Voulez-vous quitter votre frère?
L'absence est le plus grand des maux:
Non pas pour vous, cruel! Au moins que les travaux,
Les dangers, les soins du voyage,
10   Changent un peu votre courage.
Encor, si la saison s'avançait davantage»!

(*Fables*, 1679)

Dans la poésie moderne—quand la rime est pratiquée— les poètes abandonnent souvent certaines contraintes de la versification traditionnelle. La notion de rimes masculines et féminines tombent en désuétude; on fait rimer, par exemple, «pluie» et «luit», «perd» et «impaire»:

> Comme une goutte de pluie
> Mon étoile qui se perd
> Mon étoile au ciel impaire
> Une larme au loin qui luit
> (Louis Aragon, *Le mouvement perpétuel*, 1920-24)

Les poètes se contentent assez souvent de **rimes approximatives**, comme dans ces vers du poète Henry Bataille où on trouve la rime «souffles» / «souffre»:

> Belloy, Sours, Clarigny, Gagnac et la banlieue . . .
> Oh! Les wagons éteints où l'on entend des souffles!
> La palpitation des lampes au voile bleu . . .
> Le train qu'on croise et qui nous dit qu'il souffre.
> (*Le Beau Voyage*, 1904)

Dans bien des cas la rime est tout simplement supprimée. Voici un poème par le poète québécois Suzanne Paradis:

> jour tranquille au pas des chevaux tristes
> la fenêtre s'ouvre sur un paysage de feuilles noires
> le sol se mouille d'averses de toutes les couleurs
> ils n'iront pas plus vite que l'heure écoulée
> la pousse du riz l'île blanche et son corail
> (*Les Chevaux de verre*, 1979)

Exercices

1. a) Indiquez pour chaque groupe de mots si la rime est masculine ou féminine en les faisant suivre de M ou F:

    i)   sang / puissant   ii) algue / vague
    iii) corps / dort   iv) déplaire / légère
    v) danger / loger   vi) grippée / coupée

b) Dans les vers suivants indiquez les rimes masculines et féminines et dites si vous trouvez l'alternance des rimes:

> Lorsque vous reviendrez car il faut revenir
> Il y aura des fleurs tant que vous en voudrez
> Il y aura des fleurs couleur de l'avenir
> 4   Il y aura des fleurs lorsque vous reviendrez . . .
>
> Heureuse et forte enfin qui portez pour écharpe
> Cet arc-en-ciel témoin qu'il ne tonnera plus
> Liberté dont frémit le silence des harpes
> 8   Ma France d'au-delà le déluge salut
>
>   (Louis Aragon, *Le Musée Grévin*, 1943)

2. a) Indiquez pour chaque groupe de mots si la rime est pauvre, suffisante, ou riche en les faisant suivre de P, S, ou R:

    i)   drapeau / chapeau   ii) méritait / chérissait
    iii) neveux / je veux   iv) écriture / ouverture
    v) loi / roi   vi) volant / vent

b) Dans ce sonnet par Tristan L'Hermite intitulé «Les Cheveux blonds», identifiez la qualité des rimes et justifiez vos réponses:

> Fin or, de qui le prix est sans comparaison,
> Clairs rayons d'un soleil, douce et subtile trame
> Dont la molle étendue a des ondes de flamme
> Où l'Amour mille fois a noyé ma raison,
>
> 5   Beau poil, votre franchise est une trahison.
> Faut-il qu'en vous montrant vous me cachiez madame?
> N'était-ce pas assez de captiver mon âme
> Sans retenir ainsi ce beau corps en prison?

Mais, ô doux flots dorés, votre orgueil se rabaisse;
10   Sous la dextérité d'une main qui vous presse,
Vous allez comme moi, perdre la liberté.

Et j'ai le bien de voir une fois en ma vie
Qu'en liant le beau poil qui me tient arrêté,
On ôte la franchise à qui me l'a ravie.

(*Les Amours*, 1638)

3. a) Est-ce que les rimes suivantes sont croisées, embrassées ou plates?

J'ai marché le long de la rive
Pour y chercher des cailloux bleus.
J'ai trouvé quatre sources vives
Et j'ai recommencé le jeu.

(Sylvain Garneau, *Objets retrouvés*, 1965)

b) Décrivez la disposition des rimes dans cette fable de Jean de La Fontaine:

Une Grenouille vit un Boeuf
Qui lui sembla de belle taille.
Elle, qui n'était pas grosse en tout comme un oeuf,
Envieuse, s'étend, et s'enfle, et se travaille
5   Pour égaler l'animal en grosseur,
Disant: «Regardez bien ma soeur;
Est-ce assez? dites-moi; n'y suis-je point encore?
—Nenni. —M'y voici donc? —Point du tout. —M'y voilà?
—Vous n'en approchez point». La chétive pécore
10   S'enfla si bien qu'elle creva.

Le monde est plein de gens qui ne sont pas plus sages:
Tout bourgeois veut bâtir comme les grands seigneurs;
Tout petit prince a des ambassadeurs;
Tout marquis veut avoir des pages.

(*Fables*, 1668)

4. Comment décrire la disposition des rimes dans ce poème du vers-libriste Francis Vielé-Griffin?

Étire-toi, la Vie est lasse à ton côté
—Qu'elle dorme de l'aube au soir,
Belle, lasse
Qu'elle dorme —
5   Toi, lève-toi: le rêve appelle et passe
Dans l'ombre énorme;
Et si tu tardes à croire,
Je ne sais quel guide il te pourra rester
—Le rêve appelle et passe,
10   Vers la divinité.

(La Clarté de vie, 1897)

Chapitre IV

La Versification:
strophes et poèmes
à forme fixe

1. La Strophe

Un groupement de vers dans un poème s'appelle **une strophe**. Un poème classique est normalement construit de plusieurs strophes, chacune composée d'une suite de vers égaux en nombre de syllabes. Une strophe de deux vers s'appelle **un distique**. Une strophe de trois vers s'appelle **un tercet**. Ensuite nous avons **le quatrain** (4 vers), **le quintil** (5 vers), **le sizain** (6 vers), **le septain** (7 vers), **le huitain** (8 vers), **le neuvain** (9 vers), **le dizain** (10 vers), **le onzain** (11 vers), et **le douzain** (12 vers). Ces strophes sont répétées à travers un poème et elles contiennent d'habitude les mêmes rimes et les mêmes mètres. Et pourtant, dès le XVIIe siècle quelques poètes, et notamment Jean de La Fontaine, ont construit des poèmes ayant des strophes de longueurs inégales. C'est encore La Fontaine qui a mis à la mode au milieu du XVIIe siècle des strophes écrites en **vers mêlés** ou **hétérométriques**; ces strophes combinent des vers de plusieurs mètres dans la même strophe. Voici un exemple du XIXe siècle:

> L'été vient, l'aquilon soulève
> La poudre des sillons, qui pour lui n'est qu'un jeu,
> Et sur le germe éteint où couve encor la sève
> En laisse retomber un peu.
> (Alphonse de Lamartine, *Méditations poétiques*, 1820)

Quand une suite de strophes se termine par le même vers ou par la même petite strophe, l'élément ainsi répété est **un refrain**. Le refrain assure la clôture du texte et, se répétant chaque fois dans un contexte différent, change légèrement de sens à chaque reprise. Dans «Le Pont Mirabeau» de Guillaume Apollinaire, dont voici les trois premières strophes, le refrain souligne le passage du temps:

Sous le pont Mirabeau coule la Seine
Et nos amours
Faut-il qu'il m'en souvienne
Le jour venait toujours après la peine

Vienne la nuit sonne l'heure
Les jours s'en vont je demeure

Les mains dans les mains restons en face
Tandis que sous
Le pont de nos bras passe
Des éternels regards l'onde si lasse

Vienne la nuit sonne l'heure
Les jours s'en vont je demeure

L'amour s'en va comme cette eau courante
L'amour s'en va
Comme la vie est lente
Et comme l'Espérance est violente

Vienne la nuit sonne l'heure
Les jours s'en vont je demeure

(Alcools, 1913)

Traditionnellement la strophe doit constituer un ensemble syntaxique et sémantique complet. Si on trouve une strophe qui est incomplète—ce qui est indiqué le plus souvent par un manque de ponctuation ou par une virgule—il faut commenter l'effet stylistique et sémantique de cette discordance. Nous trouvons, par exemple, dans un poème du poète québécois Sylvain Garneau, «Palissades», composé de 19 quatrains, une seule strophe enjambante. C'est pour insister sur le fait que le locuteur comprend les secrets des jeunes filles, ce qui est le thème principal du poème:

—Regarde-moi, petite, et dis-moi : suis-je beau?
Elles passent . . . et rien ne saurait les distraire.
—Voyez. Je vous connais. Je vous suis presqu'un frère.
C'est ici qu'est mon coeur. —Et l'on parle . . . On a beau

Leur prouver que l'on sait leurs secrets, rien à faire.
Elles vont leur chemin, égrenant leur mépris

En un rire étouffé, acide. Et qui est pis,
Elles savent répondre aussi bien que se taire.

(Objets retrouvés, 1965)

2. Poèmes à forme fixe

L'ode et **l'élégie** sont deux genres poétiques nobles dont les modèles remontent à l'Antiquité. Pendant la Renaissance on les a introduites dans la poésie française et, depuis ce moment, ils ont connu un grand succès. L'ode pindarique, héritée du poète grec Pindare, célèbre des héros; elle comprend de longues strophes souvent très érudites. L'ode horatienne, influencée par les *Carmina* du poète latin Horace, par contre, est plus courte et plus légère et ainsi s'adapte mieux à la thématique de l'amour ou de la nature. Quant à l'élégie, c'est une forme assez libre, le plus souvent en alexandrins ou en décasyllabes, et à rimes plates, dans laquelle le locuteur, parlant à la première personne, se plaint de sa propre souffrance, occasionnée par la mort de quelqu'un, ou, dans le cas de l'élégie amoureuse, par l'inconstance de la femme aimée. Ainsi, dans cette élégie par Théophile de Viau le *je* s'adresse à un interlocuteur absent, la femme aimée:

Depuis ce triste jour qu'un adieu malheureux
M'ôta le cher objet de mes yeux amoureux,
Mon âme de mes sens fut toute desunie,
Et privé que je fus de votre compagnie . . .

(Oeuvres, 1632)

Dès le Moyen Âge, on a établi des schémas qui réglaient le nombre de strophes et leur ordre pour constituer ce qu'on appelait des poèmes à forme fixe.

Le rondeau, construit sur deux rimes, se compose le plus souvent de 13 vers et d'un refrain reprenant les premiers mots du premier vers au milieu et à la fin du poème. Il est divisé en trois parties, deux de cinq vers séparées par une de trois vers. Vincent Voiture s'est moqué du genre dans le rondeau suivant:

Ma foi, c'est fait de moi, car Isabeau
M'a conjuré de lui faire un rondeau,
Cela me met dans une peine extrême:
Quoi, treize vers, huit en eau, cinq en ème!
5   Je lui ferais aussitôt un bateau.

En voilà cinq pourtant en un monceau
Faisons-en huit, en invoquant Brodeau,

8   Et puis mettons par quelque stratagème,
     Ma foi c'est fait.

     Si je pouvais encor de mon cerveau
     Tirer cinq vers, l'ouvrage serait beau:
     Mais cependant je suis dedans l'onzième,
     Et si je crois que je fais le douzième,
13   En voilà treize ajustés au niveau,
     Ma foi c'est fait.

                                                    (*Oeuvres*, 1650)

La ballade était une autre forme poétique très pratiquée au Moyen Âge. Elle comprend d'habitude trois strophes composées sur les mêmes rimes et terminées chacune par un refrain d'un ou de deux vers. Les vers sont des octosyllabes ou des décasyllabes. Quand il y a des octosyllabes, la strophe doit avoir huit vers; quand ce sont des décasyllabes, elle en a dix. L'envoi—tout à la fin—s'adresse normalement au prince. L'une des plus célèbres ballades est «La Ballade des pendus» par François Villon dans lequel il donne la voix à des criminels pendus qui s'adressent aux vivants. En voici les premiers vers:

     Frères humains qui après nous vivez,
     N'ayez les coeurs contre nous endurcis,
     Car, si pitié de nous pauvres avez,
     Dieu en aura plus tôt de vous mercis.

                                                    (*Testament*, 1461)

Le triolet est bâti sur deux rimes. Généralement octosyllabique, le triolet se compose de huit vers sur deux rimes (abaaabab), le premier vers étant repris comme quatrième et septième vers et le deuxième comme huitième. Arthur Rimbaud, parmi d'autres, l'a pratiqué au XIXe siècle:

     Mon triste coeur bave à la poupe,
     Mon coeur couvert de caporal:
     Ils y lancent des jets de soupe,
     Mon triste coeur bave à la poupe:
5   Sous les quolibets de la troupe
     Qui pousse un rire général,
     Mon triste coeur bave à la poupe,
     Mon coeur couvert de caporal!

                                                    (*Poésies complètes*, 1895)

Ces genres—le rondeau, la ballade, et le triolet—tombent en désuétude dès le début du XVIe siècle. Pourtant, au XIXe siècle les poètes reviennent à ces modèles médiévaux. Paul Verlaine et Charles Cros composent des ballades, Stéphane Mallarmé reprend le rondeau, et Arthur Rimbaud écrit des triolets.

Le sonnet, d'origine italienne, fut introduit en France au XVIe siècle et mis en valeur par les poètes de La Pléiade. Le sonnet a connu un nouvel âge d'or au XIXe siècle et est encore pratiqué aujourd'hui. Il comprend quatorze vers, dont deux quatrains et un sizain organisé en deux tercets. Les quatrains sont normalement bâtis sur les mêmes rimes (**abba**); les deux tercets sont construits sur trois rimes (**ccd ede** ou **ccd eed**). Les derniers vers, ou ce qu'on appelle la chute du sonnet, revêtent une importance majeure. Certains poètes des XVIe et XVIIe siècles, influencés par des modes italiennes comme le pétrarquisme (imitation de Pétrarque) et le marinisme (imitation de Marino), construisent leurs sonnets en fonction d'une «pointe», c'est-à-dire d'une chute marquée par un trait d'esprit souvent basé sur des structures paradoxales et inattendues. Dans son sonnet, «La Belle en deuil», Tristan L'Hermite évoque la beauté d'une femme portant le deuil, c'est-à-dire voilée et habillée en noir; il termine ainsi son poème:

> Car, vous voyant si belle, on pense à votre abord
> Que par quelque gageure où Vénus s'intéresse
> L'Amour s'est déguisé sous l'habit de la Mort.
>
> (*Les Amours*, 1638)

La fable, **l'épigramme**, **le madrigal**, **l'épitaphe** sont tous des poèmes brefs très libres dans leur forme. La fable, mettant en scène d'habitude des animaux, est composée d'un récit et comprend une leçon morale. L'épigramme est une courte satire se terminant par une pointe; le madrigal appartient à la poésie galante; l'épitaphe (souvent épigrammatique) est proprement une inscription à graver sur un tombeau. Voici quelques vers d'une épitaphe par Gérard de Nerval:

> Il a vécu tantôt gai comme un sansonnet,
> Tour à tour amoureux insoucieux et tendre,
> Tantôt sombre et rêveur comme un triste Clitandre,
> Un jour il entendit qu'à sa porte on sonnait . . .
>
> Et quand vint le moment où, las de cette vie,
> Un soir d'hiver, enfin l'âme lui fut ravie,
> Il s'en alla disant: «Pourquoi suis-je venu?»
>
> (*Poésies diverses*, 1877)

Le pantoum, originaire de Malaisie et importé en France par les poètes romantiques, est un poème composé de quatrains dont les vers 2 et 4 deviennent les vers 1 et 3 du quatrain suivant; la rime est croisée (abab). On trouve plus loin dans ce texte (ch. IX, Application 4) le plus célèbre exemple, celui de Charles Baudelaire intitulé «Harmonie du soir». Citons ici trois strophes d'un pantoum de Leconte de Lisle:

> Sous l'arbre où pend la rouge mangue
> Dors, les mains derrière le cou.
> Le grand python darde sa langue
> Du haut des tiges de bambou.

> 5   Dors, les mains derrière le cou,
> La mousseline autour des hanches.
> Du haut des tiges de bambou
> Le soleil filtre en larmes blanches.

> La mousseline autour des hanches,
> 10   Tu dores l'ombre, et l'embellis.
> Le soleil filtre en larmes blanches
> Parmi les nids de bengalis.
>
> *(Poèmes tragiques*, 1884)

Exercices

1. Identifiez les genres de poème à forme fixe réprésentés par les exemples
suivants:

a)
      Il s'engouffre au fond des ravines,
      Parmi les fracas des torrents,
      Le coeur plein de chansons divines

4   Monte, nage aux cieux transparents.
      Parmi le fracas des torrents
      L'arbre éperdu s'agite et plonge,
      Monte, nage aux cieux transparents

8   Sur l'aile d'un amoureux songe!

(Leconte de Lisle, *Poèmes barbares*, 1862)

b)
      Dedans Paris, ville jolie,
      Un jour, passant mélancolie,
      Je pris alliance nouvelle
      À la plus gaie damoiselle

5   Qui soit d'ici en Italie.

      D'honnesteté elle est saisie,
      Et crois, selon ma fantaisie,

8   Qu'il n'en est guère de plus belle
          Dedans Paris.

      Je ne la vous nommerai mie,
      Sinon que c'est ma grande amie;
      Car l'alliance se fait telle
      Par un doux baiser que j'eus d'elle,

13   Sans penser aucune infamie,
          Dedans Paris.

(Clément Marot, *L'Adolescence Clémentine*, 1532)

c)
         D'un avocat
      Ci-gît qui ne cessa d'étourdir les humains
      Et qui, dans le barreau, n'eut relâche ni pause:
      Le meilleur droit du monde eût péri dans ses mains.
      Aussi, contre la mort, perdit-il pas sa cause?

(Isaac de Benserade, *Oeuvres* 1697)

2. Identifiez pour chaque strophe ci-dessus le type de strophe (quatrain, sizain, etc.).

3. Voici un sonnet de Pierre de Ronsard. Identifiez tous les éléments de sa forme strophique:

Ciel, air et vents, plains et monts découverts,
Tertres fourchus et forêts verdoyantes,
Rivages tors et sources ondoyantes,
Taillis rasés et vous bocages verts,

5 Antres moussus à demi-front ouverts,
Prés, boutons, fleurs et herbes rousoyantes,
Coteaux vineux et plages blondoyantes,
Gastine, Loir, et vous mes tristes vers:

Puisqu'au partir, rongé de soin et d'ire,
10 À ce bel oeil, l'adieu je n'ai su dire,
Qui près et loin me détient en émoi,

Je vous supplie, ciel, air, vents, monts et plaines,
Taillis, forêts, rivages et fontaines,
Antres, prés, fleurs, dites-le-lui pour moi.

          (*Amours*, 1552)

Le Lexique, la syntaxe et les procédés grammaticaux

1. Le Vocabulaire

Considérations lexicales

Le lexique de la langue poétique était restreint dans la poésie classique. Depuis les Romantiques, le vocabulaire des poètes s'est effectivement ouvert pour comprendre aussi des mots de la vie quotidienne. La poésie semble pourtant favoriser des mots qui paraissent étranges en eux-mêmes ou tout simplement par leur contexte. C'est pourquoi il faut prêter attention aux néologismes, aux archaïsmes, aux mots étrangers et aux mots techniques.

Le vocabulaire est-il familier, noble, exotique? Y a-t-il des mots péjoratifs ou des mots mélioratifs? Y a-t-il des néologismes? des archaïsmes? des mots techniques? des mots empruntés à des langues étrangères? Notez aussi l'emploi des suffixes (des diminutifs, par exemple) et des préfixes (*revoir*).

Voici quelques vers par Aimé Césaire, poète francophone de la Martinique:

> C'est une nuit de Seine
> et moi je me souviens comme ivre
> du chant dément de Boukman accouchant ton pays
> aux forceps de l'orage
>
> (*La Poésie*, 1994)

Les noms propres («Seine», «Boukman») créent une atmosphère d'exotisme; l'emploi du mot technique «forceps» dans ce contexte attire l'attention et suggère la présence de la violence.

Considérations sémantiques

Afin de cerner le thème principal du poème, il faudra relever les mots qui appartiennent à certains **champs lexicaux**. On appelle champ lexical un réseau de vocabulaire qui renvoie à un même champ de signification, par exemple, l'amour, la nature, la guerre, la mer. L'étude d'un champ lexical met en lumière le thème et donne des indications sur le ton et le sentiment dominant du texte. Peut-on relier certains mots à un sentiment dominant comme, par exemple, la tristesse? Les connotations affectives du vocabulaire donnent aussi des renseignements sur les sentiments du locuteur et sur les effets à produire sur le lecteur. Des références à des **topoi**, ou à des **lieux communs,** tels que le lieu agréable (*locus amoenus*), la fuite du temps (*tempus fugit*), le désir de profiter du moment (*carpe diem*) sont des marques littéraires conventionnelles. Le topos relie le texte à un contexte littéraire parce que ce sont des lieux communs pratiqués à travers les âges par une multitude d'autres poètes.

Dans ces premiers vers d'un poème par Paul Verlaine, on trouve deux champs lexicaux, celui de la religion et celui de l'amour; c'est leur interpénétration à travers le poème qui donnera naissance au sentiment dominant d'une angoisse agréable:

> Ô mon Dieu, vous m'avez blessé d'amour,
> Et la blessure est encore vibrante,
> Ô mon Dieu, vous m'avez blessé d'amour.
>
> (*Sagesse*, 1881)

Y a-t-il des mots ou des expressions reliés à des sensations tactiles (le toucher), visuelles (la vue), auditives (l'ouïe), olfactives (l'odorat), gustatives (le goût)? La présence ou l'absence de ces éléments fournira des indices sur le degré de concrétisation ou d'abstraction. Voici, par exemple, la première strophe d'un poème intitulé «Harmonie pour un soir grec» par le poète québécois Paul Morin. C'est un paysage voluptueux qu'il évoque concrètement par des allusions aux sensations visuelles («pourpre», «blanc», «violettes»), olfactives («parfumé de laurier, de miel, de violettes») et tactiles («la fraîcheur»):

> Heure pourpre où fleurit un blanc vol de mouettes,
> Et toi dont je rêvais quand je lisais Byron,
> Parfumé de laurier, de miel, de violettes,
> Vent de Missolonghi qui promets à mon front
> La fraîcheur des nuits violettes.
>
> (*Poèmes de cendre et d'or*, 1922)

Relevez les synonymes, les antonymes, les homonymes. Le poète emploie-t-il des périphrases? Des noms propres? Y a-t-il des mots polysémiques, c'est-à-dire des mots ayant plusieurs sens—ce qui crée de l'ambiguïté?

En analysant les différents éléments du langage, il faut se demander continuellement quel est l'effet poétique produit et comment le choix du vocabulaire contribue à créer l'univers du poème avec ses propres sentiments, sa propre tonalité et son thème principal.

2. La Syntaxe et les procédés grammaticaux

Quelles sortes de phrases se trouvent dans le poème—des phrases déclaratives, interrogatives, exclamatives, impératives? Des phrases simples ou complexes?

Étudiez aussi l'ordre des mots et surtout des changements de l'ordre normal, ce qui peut créer des effets de mise en relief, des effets de surprise ou de suspense. Certains poètes vont jusqu'à embrouiller la syntaxe et effectuent ainsi une impression d'obscurité. Notons, par exemple, ces vers célèbres de Stéphane Mallarmé:

> De l'éternel azur la sereine ironie
> Accable, belle indolemment comme les fleurs,
> Le poète impuissant qui maudit son génie
> À travers un désert stérile de Douleurs.
>
> (*Le Parnasse contemporain*, 1866)

Quelles catégories de mots prédominent: les verbes, les noms (style nominal), les adjectifs, les adverbes? Dans le cas des verbes quels sont les temps et les modes employés? Quant à l'adjectif, est-il placé avant ou après le nom? Les adverbes et les prépositions indiquent des relations spatiales (ici, là-bas, sous) et des relations temporelles (hier, demain, avant, après). Notez l'emploi du singulier ou du pluriel des noms. Le genre des noms est-il significatif? Relevez les déterminants (articles définis, articles indéfinis, adjectifs possessifs, adjectifs démonstratifs).

Les groupements binaires présentent des oppositions ou des parallélismes plus ou moins symétriques de deux éléments (adjectifs, verbes, noms, etc). Ainsi, Victor Hugo emploie l'antithèse pour renforcer sa pensée:

> La vieille âme est toute blanche
> Dans le vieux soldat noirci.

Les groupements ternaires associent trois éléments complémentaires. Selon les linguistes (Fromilhague-Sancier: 188), la dissymétrie de cette structure impaire crée souvent une connotation lyrique, une tonalité affective, ainsi dans ces vers de Jean de La Fontaine où le poète parle aux amants pour leur dire qu'ils n'ont pas besoin de voyager pour trouver le bonheur:

> Soyez-vous l'un à l'autre un monde toujours beau,
> Toujours divers, toujours nouveau.

Exercices

1. Quelle est la fonction des noms propres dans ces vers de Blaise Cendrars tirés d'un poème intitulé «La Prose du Transsibérien»:

> J'ai aussi joué aux courses à Auteuil et à Longchamp
> Paris-New York
> Maintenant, j'ai fait courir tous les trains tout le long de ma vie
> Madrid-Stockholm
> Et j'ai perdu tous mes paris
> Il n'y a plus que la Patagonie, la Patagonie qui convienne à mon immense
> tristesse, la Patagonie, et un voyage dans les mers du Sud
>
> *(La Prose du transsibérien et de la petite*
> *Jehanne de France,* 1913)

2. Relevez les archaïsmes dans le passage suivant intitulé «A Maistre Villon». Quelle est leur valeur connotative?

> Vous qui connûtes toute peine
> De vostre temps, Maistre Villon,
> Qui commîtes maintes fredaines
> Pour quelques pains et quelques ronds . . .
>
> (Alphonse Piché, *Ballades de la petite extrace,* 1946)

3. Qu'est-ce qu'on appelle un style où dominent les substantifs? Dans les vers suivants de François Porché, quelle est la fonction de l'accumulation de substantifs?

> . . . . Dans la rue on marche, on a la foule,
> Les lumières, les coups d'épaules où l'on roule
> Inconnu; les cafés : l'odeur, sur les trottoirs,
> Des alcools; les bruits: les vrilles, les boutoirs.
>
> *(À chaque jour,* 1904)

4. Relevez les néologismes et commentez sur leur valeur expressive.

> Le toit de l'allégresse
> Est tissé de safran
> Le toit de la tristesse

4   Est tissé de tatran
        Le sol de l'allégresse
        Est tissé de toutance
        Le sol de la tristesse
8   Est tissé de souffrance.

(Raymond Queneau, L'Instant fatal, 1948)

5. Dans son poème élégiaque, «La Jeune Tarentine», André Chénier utilise quelques inversions syntaxiques. Relevez ces inversions et commentez sur l'effet stylistique:

> Elle est au sein des flots, la jeune Tarentine.
> Son beau corps a roulé sous la vague marine.
> Thétis, les yeux en pleurs, dans le creux d'un rocher
> Aux monstres dévorants eut soin de le cacher.

(Oeuvres, 1819)

6. Les textes suivants sont parcourus par un ou deux champs lexicaux. Identifiez-les dans chaque poème et notez quels sont les mots associés à ces champs lexicaux.

a)   Ni
        Le marin, ni
        Le poisson qu'un autre poisson à manger
        Entraîne, mais la chose même et tout le tonneau et la veine
vive,
            Et l'eau même, et l'élément même, je joue, je resplendis! Je
partage la liberté de la mer omniprésente!

(Paul Claudel, Cinq grandes odes, 1910)

b)   Ô champs paternels hérissés de charmilles,
        Où glissent le soir des flots de jeunes filles!

        Ô frais pâturage où de limpides eaux
        Font bondir la chèvre et chanter les roseaux!

        Ô terre natale! à votre nom que j'aime,
        Mon âme s'en va toute hors d'elle-même!

(Marceline Desbordes-Valmore, Poésies, 1860)

7. Voici un texte plus complexe. Quels sont les champs lexicaux prédominants? Identifiez le thème principal qu'ils expriment.

Mais mourir d'un excès d'atomes
n'a jamais fait de mal à personne
et nous prions dieu qu'il veuille bien nous
absoudre du péché d'impiété juvénile

5   Il n'y a pas de morale à cela
mourir n'est pas une morale ni une fin
je crois œcuméniquement
malsain de lapider tel arabe plutôt que
tel nègre dont ce n'est pas davantage le destin

10   l'expérience nipponne de l'atome n'est pas
fiable on l'a vu.

(Tchicaya U Tam'si, *Le Ventre, le
pain ou la cendre*, 1978)

Chapitre VI

Tropes et figures

Les tropes et les figures de rhétorique occupent une place importante dans la poésie étant intimement liés à sa nature. Ils possèdent des fonctions très variées dans le texte, parfois ornementales et explicatives, mais le plus souvent exprimant des émotions et créant—pour le plaisir du lecteur— un objet esthétique unique (le poème) qui établit de nouveaux rapports entre les mots et les choses. Évidemment cela se fait conjointement avec tous les autres éléments poétiques (rythmes, rimes, etc.) qui y contribuent eux aussi. C'est au lecteur de chercher dans chaque poème comment fonctionnent les tropes et les figures de rhétorique. Depuis l'Antiquité, on a travaillé au recensement de tous les jeux et manipulations de langage opérés par les orateurs et les poètes. Traditionnellement, on les divise en 4 groupes: 1. figures de sens ou tropes: la métaphore, la métonymie, la synecdoque. 2. figures de mots: l'assonance, l'allitération. 3. figures de pensée: l'ironie, le paradoxe, l'hyperbole, la litote. 4. figures de construction: l'asyndète, l'anacoluthe, le chiasme, l'ellipse, la gradation, le zeugme.

Les figures de sens—on les appelle des **tropes**—sont beaucoup discutées et demandant d'être examinées de près.

1. Les Tropes

Les figures opérant un changement dans le sens des mots sont donc des tropes. Les trois tropes essentiels sont: **la métaphore, la métonymie et la synecdoque. La comparaison** est une figure liée à la métaphore, mais ce n'est pas strictement un trope parce qu'elle n'opère aucun détournement de sens.

Afin de mieux cerner le fonctionnement de ces tropes, il faut tout d'abord comprendre la distinction entre **le comparé**, ou thème, et **le comparant**, parfois appelé le phore. Dans l'expression «cet homme est courageux comme un lion», c'est «cet homme» qui est le comparé; le comparant est «un lion». **Le point de comparaison**, ou **le motif**, est le courage («courageux»); c'est la qualité que le comparé et le comparant possèdent en commun. **L'outil de comparaison**, «comme», est le mot qui indique explicitement l'acte de comparaison. Les outils de comparaison sont diverses: des locutions adverbiales (comme, ainsi que, de même que), des adjectifs (tel, semblable, pareil), ou des verbes (ressembler, paraître, avoir l'air).

La Comparaison

Cette figure consiste «à envisager ensemble (deux ou plusieurs objets de pensée) pour en chercher les différences ou les ressemblances» (*Le Nouveau Petit Robert*). Une comparaison est considérée comme une figure quand le comparé et le comparant n'appartiennent pas au même champ sémantique. La comparaison de deux chiens, «Un chien comme le chien de mon ami», n'est pas une figure de rhétorique. Dans la comparaison les deux objets (le comparé et le comparant) doivent appartenir à deux champs sémantiques différents et restent donc distincts et indépendants. La présence d'un outil de comparaison est obligatoire dans la comparaison.

LA COMPARAISON

Le Rapport comparant-comparé: **Indépendance**

«La *terre* est ronde comme une *orange*»

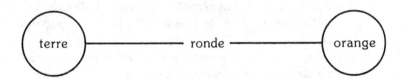

Comparé: terre
Comparant: orange
Point de comparaison: ronde
Outil de comparaison: comme

La Métaphore

Figure ancienne, louée par Aristote comme marque du génie, la métaphore est très importante dans la littérature moderne. Comme la comparaison, elle est basée sur la perception d'une analogie entre le comparé et le comparant, tous deux appartenant à des champs sémantiques différents. Contrairement à la structure de la comparaison, la métaphore supprime l'outil de comparaison. Au lieu de dire: «La terre est ronde comme une orange», on créerait une métaphore en supprimant le mot outil et laissant implicite le point de comparaison. On dirait plutôt: «La terre est une orange». Le comparé et le comparant ne sont plus distincts; ils partagent des qualités communes.

Les métaphores qui gardent explicitement le comparé et le comparant sont des **métaphores *in præsentia***: «la mer est un toit tranquille». Les métaphores qui suppriment le comparé sont des **métaphores *in absentia*** (Cf. Fromilhague et Sancier: 143-146). Ces dernières métaphores sont parfois difficiles à décoder. C'est le titre du «Cimetière marin» de Paul Valéry qui fournit l'indice utile pour la compréhension du premier vers contenant deux métaphores *in absentia*: «Ce toit tranquille, où marchent des colombes.» Le lecteur doit fournir les comparés implicites: d'abord la mer et ensuite les voiles blanches des bateaux.

LA MÉTAPHORE *IN PRÆSENTIA*

Le Rapport comparant-comparé: **Intersection**

Quand le cerveau gît dans sa grotte
Où *chauve-sourient* les *pensées* . . . (Jules Supervielle)

Le vers «Où chauve-sourient les pensées» fusionnent en quelque sorte les pensées et les chauves-souris. Supervielle exprime le comparant par un néologisme, le verbe «chauve-sourient». La comparaison explicite serait rendue ainsi: les pensées sont comme des chauves-souris. Le comparé (les pensées) et le comparant (chauves-souris) sont tous les deux présents; il s'agit donc d'une métaphore *in præsentia*.

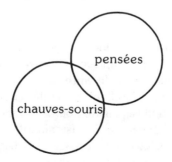

Comparé: pensées
Comparant: chauve-sourient
Points de comparaison (implicites): sinistres, noires

LA MÉTAPHORE *IN ABSENTIA*

Le Rapport comparant-comparé: **Intersection**

«Ce *toit* tranquille où marchent des *colombes*». (Valéry)

Ce vers comprend deux métaphores. Les comparaisons explicites seraient rendues ainsi : la mer est tranquille comme un toit; les voiles des bateaux sont blanches comme des colombes. Les deux comparés sont absents; il s'agit donc ici de métaphores *in absentia*.

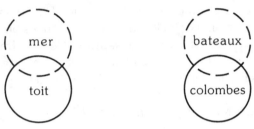

Comparés: la mer; les bateaux
Comparant: un toit; des colombes
Points de comparaison: tranquille; blancheur (implicite)

Quand une métaphore se prolonge à travers plusieurs vers, on l'appelle une **métaphore filée**. On trouve un bon exemple dans «Les Colchiques» (*Alcools*) de Guillaume Apollinaire, où, à travers tout le poème, l'amour fatal est figuré par ces plantes vénéneuses. Baudelaire et d'autres poètes influencés par les symbolistes ont exploité une métaphore qui associe des sensations appartenant à des domaines différents, par exemple, «une valse bleue» ou «un parfum enivrant». C'est ce qu'on appelle **la synesthésie**.

La Métonymie

La métonymie est fondée sur une contiguïté, ou une association spatiale ou temporelle, entre un terme employé et son référent ou, pour utiliser un vocabulaire plus technique, entre **le signifiant** et **le signifié**. On utilise, par exemple, le contenant (signifiant) pour désigner le contenu (signifié): «boire *un verre*»; l'instrument (signifiant) pour la personne (signifié): «*la plume* est plus puissante que *l'épée*»; le lieu (signifiant) pour ceux qui y vivent (signifié): «*Montréal* est jalouse de *Paris*»; l'effet (signifiant) pour la cause (signifié): «boire *la mort*». Dans tous ces exemples on observe une association entre le terme employé et son référent—un rapport de contiguïté spatiale dans les trois premiers et d'association temporelle dans le dernier où «la mort» (l'effet) signifie le poison (la cause).

LA MÉTONYMIE

Le Rapport signifiant-signifié: **Association et Contiguïté**

«La *plume* est plus puissante que l'épée»

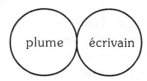

Signifié: l'écrivain
Signifiant: la plume
Rapport: contiguïté / association (instrument)

La Synecdoque

La synecdoque est fondée sur un rapport d'inclusion. «C'est une métonymie spécialisée qui consiste à donner à un mot un sens plus large ou plus restreint que son sens habituel» (*Lexique des figures de style*). Ce n'est pas seulement un rapport de contiguïté (la métonymie), mais aussi un rapport d'inclusion. On emploie, par exemple, la partie pour désigner le tout: «*les voiles* [les bateaux] sur la mer»; le genre pour l'espèce: «notre *pain* [la nourriture] quotidien», la matière pour l'objet: «il est mort par *le fer* [l'épée]», le singulier pour le pluriel: «se méfier *du loup*». Notez bien que la métonymie et la synecdoque ne sont pas synonymes. Toutes les synecdoques sont des métonymies; toutes les métonymies ne sont pas des synecdoques. Pour distinguer la synecdoque, la question à se poser est: est-ce qu'un de ces deux éléments fait partie de l'autre?

LA SYNECDOQUE

Le Rapport signifiant-signifié: **Inclusion**

«On regarde des voiles sur la mer».

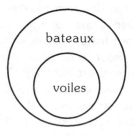

Signifié: bateaux
Signifiant: voiles
Rapport: inclusion (la partie pour le tout)

2. Tropes et figures de rhétorique

L'allégorie: la représentation d'une notion abstraite sous la forme d'un être vivant—«Sur les ailes du *Temps* la tristesse s'envole / *Le Temps* ramène les plaisirs» (Jean de La Fontaine).

L' alliance de mots ou **oxymore**: des rapprochements de mots antithétiques—«Cette *obscure clarté*» (Jean Racine).

L'allitération: la répétition d'une consonne ou de phonèmes consonantiques voisins—«Nue *effacée ensommeillée* / Choisie sublime solitaire» (Paul Eluard).

L'allusion: l'évocation d'une personne, d'une idée, d'une chose, sans la nommer—«Et *les Muses* [l'inspiration poétique] de moi, comme étranges, s'enfuient» (Joachim Du Bellay).

L'anacoluthe: une rupture de construction et faute grammaticale qui vise un *effet* stylistique—«Mais, seule sur la proue, invoquant les étoiles, / Le vent impétueux qui soufflait dans les voiles / L'enveloppe» (André Chénier).

L'anadiplose: une figure de répétition; en début de phrase on reprend un mot qui ferme la phrase précédente—«Poissons morts protégés par les *boîtes* / *Boîtes* protégées par les *vitres* / *Vitres*...» (Jacques Prévert).

L'anaphore: la répétition d'un mot en tête de phrase ou en tête de membre de phrase—«*Mon eau* n'écoute pas / *Mon eau* chante comme un secret / *Mon eau* ne chante pas» (Césaire).

L'antithèse: une opposition expressive d'idées et de mots—«*Mourant* pour nous, *naissant* pour l'autre firmament» (Victor Hugo).

L'apostrophe: une adresse directe aux êtres animés ou inanimés—Ô lac, rochers muets...» (Alphonse de Lamartine).

L'assonance: la répétition d'un phonème vocalique (une voyelle)—«Qu'as-tu fait de la *tour* qu'un *jour* je te donnai / Et qu'a fait de l'*amour* ton coeur désordonné?» (Jules Supervielle)

L'asyndète: la juxtaposition des termes, des membres de phrase, des propositions sans le lien d'une conjonction—«il avait l'oeil caché, / Le regard de travers, nez tortu, grosses lèvres» (Jean de La Fontaine).

Le chiasme: une correspondance de termes inverses—«Rien n'est beau comme le vrai, le vrai seul est aimable» (Boileau).

La comparaison: un rapprochement entre deux termes réunis par un mot comme *tel*, *ainsi*, ou *comme*—«fille installée dans le matin / comme l'hirondelle dans son chant» (André Major).

L'ellipse: la suppression de mots—«les arbres sont couronnés d'enfants / tiennent chauds leurs nids / sont chargés de farine» (Paul-Marie Lapointe).

L'épiphore: la répétition de mots ou de groupes de mots en fin de phrases ou de membres de phrase —«Musique *de l'eau* / Attirance *de l'eau* / Trahison *de l'eau*» (Anne Hébert).

L'euphémisme: l'adoucissement ou l'atténuation d'une vérité pénible ou désagréable—«Il faut quitter le séjour des mortels [mourir]» (François de Maynard).

L'exclamation: «Ô que ma quille éclate! Ô que j'aille à la mer!» (Arthur Rimbaud).

La gradation: la disposition des mots suivant une progression ascendante ou descendante—«Va, cours, vole et nous venge» (Pierre Corneille).

L'hypallage ou **l'épithète moral**: l'attribution à un certain mot de ce qui convient à un autre mot de la même phrase—«Assis aux bords des lacs *mélancoliques*» (Alphonse de Lamartine).

L'hyperbole: des propos exagérés— «Âgée de *cent mille ans*, j'aurais encor la force / De t'attendre . . .» (Robert Desnos).

L'inversion: un renversement de l'ordre normal des mots—«La vie où parvenus nous sommes en ce jour» (Pierre-Jean Jouve).

L'ironie verbale ou **l'antiphrase**: une figure consistant à dire le contraire de ce qu'on pense ou de ce qu'on veut faire penser—voici le compliment peu sincère du Renard dans une fable de La Fontaine: «Et bonjour, Monsieur de Corbeau, / Que *vous êtes joli*! . . .»

La juxtaposition: des termes placés les uns à la suite des autres sans subordination—«La fenêtre et le parc / Le platane et le toit» (René Char).

La litote: une figure contraire à l'hyperbole, elle consiste à laisser entendre plus qu'on ne dit—voici Chimène qui exprime son amour: «Va, je ne te hais point» (Pierre Corneille).

La métaphore: un trope où l'on rapproche deux termes par une comparaison qui n'est pas exprimée explicitement—«mon courage est un sapin toujours vert» (Gaston Miron).

La métonymie: un trope basé sur un rapport de contiguïté et par lequel on désigne, par exemple, le contenu par le contenant—«Mais qui sait si *la tombe* [le corps enseveli] a son printemps encore» (Sainte-Beuve); la cause pour l'effet—«la montagne meurtrière».

L'onomatopée: la formation des mots qui imitent un son ou un bruit—«cocorico» pour désigner le chant du coq.

L'oxymore: voir l'alliance de mots.

Le parallélisme: la répétition des structures syntaxiques et rythmiques—«Mon coeur est en repos, mon âme est en silence» (Alphonse de Lamartine).

La périphrase: une circonlocution par laquelle on exprime en plusieurs
mots ce qu'on pouvait dire en un seul—«Et le char vaporeux de *la
reine des ombres*» [la lune] (Alphonse de Lamartine).

La personnification: la représentation d'une réalité inanimée par les
traits d'un être vivant, personne ou animal—«Les larmes du matin et
les doigts de la rive» (Pierre Reverdy).

La prétérition: un refus simulé de dire une chose qu'on dit néanmoins
par ce moyen—«Je ne veux point ici rappeler le passé, / Ni vous
rendre raison du sang que j'ai versé» (Jean Racine).

La prolepse: en rhétorique, l'anticipation d'une objection en la réfutant
d'avance—«Mais pourquoi, diras-tu, cet exemple odieux» (Jean
Racine). En poésie, c'est souvent une sorte de prophétie —«Tu feras
par tes exploits / Trembler tous les grands rois» (Tristan L'Hermite).

La prosopopée: une figure où on fait parler et agir une personne que
l'on évoque, un absent, un mort, un animal ou une chose
personnifiée—«Horloge! Dieu sinistre, effrayant, impassible, / Dont
le doigt nous menace et nous dit: Souviens-toi!» (Charles Baudelaire).

La répétition: la reprise des mêmes mots ou structures syntaxiques—
«nous étions *fous* aussi / mais *fous* de nos amours *fous* de notre
liberté» (Roland Giguère).

Le symbole: un trope où on substitue un terme concret (signe souvent
codifié dans une culture) pour représenter une abstraction ou un concept—«*la balance* de la justice.» Les poètes inventent parfois leurs
propres symboles—«La Cloche fêlée» de Baudelaire représente l'âme
du poète.

La synecdoque: un trope basé sur un rapport d'inclusion et par lequel
on représente, par exemple, le tout par la partie—«Ils devaient leur
bonne fortune / À ton *oeil* qui les conduisait» (Tristan L'Hermite) ou
un objet par la matière dont il est composé—«j'ai posé deux fois *le
fer* [l'épée] sur mon sein nu» (Alfred de Musset).

Le zeugme: une liaison qui coordonne ou juxtapose des termes ou des
propositions inattendues grâce à un élément qui n'est pas répété—
«vêtu de probité candide et de lin blanc» (Victor Hugo).

Exercices

1. Identifiez dans les vers suivants deux comparaisons, une alliance de mots, une antithèse, deux métaphores, une synecdoque, une hyperbole, un zeugme, une périphrase, une synesthésie.

a)   O mon corps, mon cher corps, temple qui me sépare
De ma divinité

(Paul Valéry)

b)   Un jour que celui-ci, plein du jus de la treille,
Avait laissé ses sens au fond d'une bouteille . . .

(Jean de La Fontaine)

c)   Mais, j'ai bien faim de pain, Seigneur! Et de baisers!

(Léon Deubel)

d)   Toi la belle tu n'as qu'à nager nue et l'onde
Animera pour toi mille poissons ardents.

(Sylvain Garneau)

e)   Depuis plus de six mois éloigné de mon père,
J'ignore le destin d'une tête si chère.

(Jean Racine)

f)   Les claviers résonnaient ainsi que des cigales.

(Alphonse de Lamartine)

g)   Votre âme est un paysage choisi.

(Paul Verlaine)

h)   Les morts m'ennuient
Les vivants me tuent.

(Anne Hébert)

i)   Je voulais en mourant prendre soin de ma gloire
Et dérober au jour une flamme si noire.

(Jean Racine)

j)   J'écoute le gris
À parfum de dièse
Je touche une odeur de vanille

(Cécile Cloutier)

k)   Tandis qu'auprès de moi les petits sont joyeux
                 Comme des oiseaux sur les grèves. (Victor Hugo)

2. Trouvez les tropes dans les vers suivants; ensuite, identifiez et notez quels sont les signifiés ou comparés, les signifiants ou comparants, les points de comparaison, les outils de comparaison et le type de rapport sur lequel est fondé le trope.

a)   Et ma vie pour *tes yeux* s'empoisonne.

                                              (Apollinaire)

b)   Mon enfant a des yeux obscurs, profonds et vastes
                 Comme toi, *Nuit* immense . . .

                                        (Charles Baudelaire)

c)   Ses agneaux . . . .
                 Bondissent, et chacun, au soleil s'empourprant,
                 Laisse aux buissons, à qui la bise le reprend,
                 Un peu de sa toison, *comme un flocon d'écume.*
                      (Victor Hugo, *Les Contemplations*, 1856)

d)   *Le Tibre* pour l'amour de vous
                 A bien sujet d'être jaloux
                 Des félicités de *la Seine.*
                 (Tristan L'Hermite, *Les Vers héroïques*, 1648)

3. Voici quelques métaphores. Vous allez distinguez celles qui sont des metaphores *in præsentia* de celles qui sont des métaphores *in absentia:*

a)   La gouttière est bordée de *diamants*
                 les oiseaux les boivent

                                         (Pierre Reverdy)

b)   Dans ces vers d'un poème intitulé «La Guerre», Jacques Prévert semble à première vue lamenter la destruction de la forêt:

            Vous déboisez
            imbéciles
            vous déboisez
            Tous *les jeunes arbres* avec la vieille hache
            vous les enlevez . . .

                                         (*Paroles*, 1946)

c)   Quand ton coeur dans l'horreur se noie;
                    Quand sur ton présent se déploie
                    Le nuage affreux du passé.
                              (Charles Baudelaire, *Les Fleurs du mal*, 1857)

4. Dans les vers de Paul Eluard qui suivent vous allez trouver au moins huit différents types de tropes ou de figures de rhétorique:

                    Je vous le dis vous le crie vous le chante
                    Un rire court sous la neige mortelle
                    Un rire l'aube et la joie d'être au monde
                    Les fleurs ont les fruits pour miroir

5   J'ai mille amis sous la neige mortelle
                    J'ai mille amours dont le coeur palpitant
                    Gonfle l'été qui travaille la terre
                    Pour mieux régner en jour ouvert

                    Mille soleils mille fourrures
10   Mille caresses sous le froid
                    Plutôt que de mourir j'efface
                    Ce que j'ai mis de temps à vivre

                    Tous les remous d'un sang rebelle.
                              (*Le Livre ouvert II*, 1942)

Chapitre VII

Les Effets sonores et la musicalité

Un principe doit souligner l'étude des procédés sonores et musicaux d'un poème: *il ne faut pas dissocier les sons de la signification des mots.* Depuis les recherches de Ferdinand de Saussure (1857-1913), la nature arbitraire du signifiant phonique ou graphique n'est plus mis en question. Néanmoins, souvent «le poète oublie que les mots sont des signes arbitraires. Il fait comme si les mots, au lieu de les désigner, représentaient les choses. Il utilise ou il invente leur pouvoir représentatif» (Jean-Louis Joubert: 62). Le pouvoir expressif d'un son n'a de valeur que s'il est en quelque sorte activé par le poète. En effet, l'activité poétique semble souvent un effort pour combler une lacune dans la langue; le poète à force de répéter certains phonèmes les investit lui-même d'une motivation sémantique. C'est surtout par des répétitions de phonèmes que la poésie réalise une expressivité sonore: l'assonance, l'allitération et d'autres jeux phoniques.

1. L'Assonance

L'**assonance** au sens strict du terme est la répétition de la même voyelle dans la dernière syllabe des mots:

> Je le v*i*s, je roug*i*s, je pâl*i*s à sa vue (Jean Racine)

L'**assonance** au sens plus large est le retour d'une même voyelle à intervalles rapprochés:

> Je fais souvent ce rêve étrange et pénétrant (Paul Verlaine)
> [ə ɛ u ã ə ɛ e ã e e ã]

Dans le vers précédent, nous avons la répétition de deux voyelles deux fois, d'une voyelle trois fois, et d'une autre paire de voyelles quatre fois. Lesquelles?

A la fin des vers, cette répétition des voyelles constitue une **rime**. La **rime intérieure** (parfois appelée **l'homéotéleute**) s'ajoute parfois à la rime finale:

> Ni v*u* ni conn*u*
> Le temps d'*u*n sein n*u*. (Paul Valéry)

La **rime intérieure** consiste donc en la répétition des même éléments sonores à la fin d'un vers et à l'intérieur d'un vers rapproché.

> Nymphes des bois, pour son nom subl*imer*
> Et *estimer*, sur la mer sont allées:
> Si furent lors, comme on doit prés*umer*,
> Sans éc*umer* les vagues ravalées.
> (Clément Marot, *L'Adolescence Clémentine*, 1532)

On appelle **oscillation** une assonance séparée par une autre voyelle: *tour à tour* ([*u*] [a] [*u*]); *en silence* ([ã] [i] [ã]).

2. L'Allitération

Les consonnes aussi se répètent par des jeux de parallélisme et de symétrie.

L'**allitération** au sens strict du terme est la répétition d'une consonne en tête de mots:

> L'h*e*ure *m*enteuse et *m*olle aux *m*embres sur la *m*ousse.
> (Paul Valéry)

L'**allitération** au sens plus large est le retour sensible d'un même son consonantique. Dans ce vers de Pierre Emmanuel les [*v*] et les [*t*] se répètent:

> rien n'ose les *vêtir* de*v*ant l'é*t*ernité

On parle aussi d'allitération quand ce sont des consonnes voisines (par exemple, des labiales—*p*, *b*; des dentales—*t*, *d*; des labio-dentales—*v*, *f*) qui sont rapprochées.

Souvent dans la poésie moderne le manque de rime et de mètre est compensé par l'assonance et par l'allitération:

La nuit est une grande cité endormie
où le vent souffle . . . Il est venu de loin jusqu'à
l'asile de ce lit. C'est la minuit de juin.
Tu dors, on m'a mené sur ces bords infinis,
le vent secoue le noisetier. Vient cet appel
qui se rapproche et qui se retire, on jurerait
une lueur fuyant à travers bois, ou bien
les ombres qui tournoient, dit-on, dans les enfers.
(Philippe Jaccottet, L'Effraie, 1954)

3. Jeux phoniques

L'harmonie suggestive

Quand une voyelle ou une consonne est répétée et renforce le sens d'un texte, il s'agit d'harmonie suggestive. Paul Verlaine semble motiver l'allitération en [*l*] afin de rendre plus sensible l'atmosphère calme et pure d'un paysage nocturne:

La *l*une b*l*anche / *L*uit dans *l*es bois.

Sur le plan sémantique il est tentant de mettre en rapport la souffrance aigüe exprimée par le vers suivant de Racine et l'assonance en [*i*] :

Tout m'affl*i*ge et me nu*i*t et consp*i*re à me nu*i*re.

L'onomatopée ou l'harmonie imitative

C'est l'imitation des sons naturels par des sonorités verbales:

Il tomb' de l'eau, *plic*, *ploc*, *plac*. (Jules Latorgue)

4. L'Euphonie et les figures phoniques

La musicalité du poème ressort non seulement des rimes, du mètre et du rythme, mais aussi de la combinatoire complexe des voyelles et des consonnes qui s'organisent en figures phoniques. On peut faire l'analyse de ces figures en transcrivant le vers en symboles phonétiques afin de mieux voir les répétitions:

Vous mourûtes aux bords où vous fûtes laissée (Jean Racine)
[*v u   muʀ y tə   zo   bɔ ʀ   u   vu   fy tə   lese*]

Dans ce vers on remarque la prédominance de la voyelle postérieure [*u*], ainsi que la répétition du groupe [*u u y*]. La reprise phonique des consonnes labiales [v m b f], la consonne dentale [t] au début de la quatrième syllabe dans chaque hémistiche, ce sont encore des figures qui se dessinent dans ce vers. Comment créent-elles la musicalité et la magie du vers? Quels sont les effets proprement poétiques? L'analyse du matériau phonique d'un poème consiste donc à repérer les répétitions de phonèmes et ensuite à se demander si les contrastes et les parallélismes sont motivés par des facteurs sémantiques ou tout simplement par un souci de musicalité.

5. Le Volume du mot
Parfois même la longueur d'un mot est expressive:

> La nuit où le vent pleure inconsolablement
>   (Edouard Dubus)

Dans un poème d'Aimé Césaire intitulé «algues», c'est la brièveté du mot «nu» qui est mis en relief:

> la relance ici se fait
> par le vent qui d'Afrique vient
> par la poussière d'alizé
> par la vertu de l'écume
> et la force de la terre
>
> nu
> l'essentiel est de sentir nu
> de penser nu
>   (Moi, laminaire, 1982)

Tableau des voyelles

Phonèmes vocaliques	Propriétés acoustiques
[i]pis [y]pu [e]péril	voyelles antérieures à résonance élevée
[a]pas [o]pot [u] pour	voyelles postérieures à résonance basse
[a]par [ɛ]père [ɔ]port [œ]peur	voyelles ouvertes
[ə]petit [ɸ]peu	voyelles antérieures faibles
[ã]pan [õ]pont [ɛ̃]pain [œ̃]un	voyelles nasales

Tableau des consonnes

Phonèmes consonantiques	Propriétés acoustiques
[b]bar [p]par	consonnes labiales occlusives: [b] sonore, [p] sourde,
[v]vin [f]fin	consonnes labio-dentales fricatives: [v] sonore, [f] sourde
[d]dort [t]tort	consonnes dentales occlusives: [d] sonore, [t] sourde
[l]la [ʀ]rat	consonnes liquides: [l] alvéo-dentale, [ʀ] vélaire
[g]gant [k]camp	consonnes palatales occlusives: [g] sonore, [k] sourde
[ʃ] chat [ʒ] je	consonnes palatales fricatives: [ʃ] sourde, [ʒ] sonore
[z]osez [s]assez	consonnes spirantes: [z] sonore, [s] sourde
[m]mon [n]nom	consonnes nasales: [m] labiale, [n] dentale
[ɥ] nuit [j] pareil	semi-consonnes: [ɥ] bilabiale, [j] palatale
[w] oui	

Exercices

1. Identifiez deux phonèmes vocaliques qui, se répétant, produisent des effets d'assonance dans ces vers de Victor Hugo:

> Quels sont ces bruits sourds?
> Ecoutez vers l'onde
> Cette voix profonde
> Qui pleure toujours
> Et qui toujours gronde
> Quoiqu'un son plus clair
> Parfois l'interrompe . . .
> —Le vent de la mer
> Souffle dans sa trompe.

(Les Orientales, 1829)

2. Dans ces vers par le poète québécois Blanche Lamontagne-Beauregard, trouvez deux oscillations et une rime intérieure:

> C'est grâce à vous que j'ai dans mon coeur étoilé
> Des voiles en partance et du désir ailé
> C'est grâce à vous que j'ai maintenant dans mon âme...

(Ma Gaspésie, 1928)

3. Relevez dans les vers suivants les effets d'harmonie suggestive en précisant bien par quelles consonnes ou par quelles voyelles ils sont produits:

a)

> Et c'est comme un écho des pas qui l'ont foulé
> Que font nos pas sur le pavé des vestibules.

(Henri de Régnier)

b)

> La blême lune allume en la mare qui luit,
> Miroir des gloires d'or, un émoi d'incendie.
> Tout dort. Seul, à mi-mort, un rossignol de nuit
> Module en mal d'amour sa molle mélodie.

(Stuart Merrill, Les Gammes, 1900)

c)

> Il y lâcha sa bete, et le Grison se rue
>   Au travers de l'herbe menue,
>   Se vautrant, grattant et frottant,

Gambadant, chantant et broutant,
Et faisant mainte place nette.

(Jean de La Fontaine, *Fables*, 1678)

4. Quelle est la fonction stylistique du volume des mots en italiques?

a)   Parfois comme un soupir de leur âme brillante,
Du sein des épis lourds qui murmurent entre eux,
Une *ondulation majestueuse* et lente
S'éveille et va mourir à l'horizon poudreux.

(Leconte de Lisle, *Poèmes antiques*, 1852)

b)   Porte aux pieds des autels ce coeur qui m'abandonne;
Va, cours. Mais crains encor d'y trouver Hermione.

(Jean Racine)

5. Par quels jeux phoniques l'unité sonore des passages suivants est-elle
assurée?

a)   Les masques sont silencieux
Et la musique est si lointaine
Qu'elle semble venir des cieux
Oui je veux vous aimer mais vous aimer à peine
Et mon mal est délicieux

(Guillaume Apollinaire, *Alcools*, 1913)

b)   l'eau des perles l'eau de l'âme
l'eau mille flammes jaillie
au pied de ce rocher marin
où je me trouble de faim
5   ô bien-être désiré comme la vie
de se savoir renaître
et de se reconnaître
renaissant de la mort
renaissant de la mer
comme au tout premier âge

(Andrée Maillet, *Élémentaires*, 1964)

Chapitre VIII

Le Rythme

Parmi les éléments qui composent le poème, le rythme est une partie essentielle, jouant un rôle dans la structuration proprement poétique du texte. Il faut comprendre tout d'abord le système classique sur lequel est basé non seulement la poésie traditionnelle, mais même, à un certain degré, la poésie contemporaine. Le rythme de la poésie traditionnelle est basé sur l'accentuation et les coupes syllabiques. Dans la poésie française on trouve plusieurs types d'accentuation.

1. L'Accent essentiel: l'accent métrique

L'accent métrique (parfois appelé accent syntaxique) se place sur la dernière syllabe prononcée d'un groupe syntaxique et marque la fin d'une mesure dans la poésie. La poésie classique exige une **concordance** entre les accents métriques et les unités syntaxiques. En français, les mots se mettent en groupes rythmiques; l'accent se trouve toujours sur la *dernière* syllabe du groupe rythmique. L'accent métrique n'est donc jamais sur la première syllabe d'un mot ou d'un groupe de mots— et jamais sur un *e muet*! L'accent ne peut pas séparer des termes grammaticalement indissociables et tomber ainsi sur un mot atone (article, adjectif possessif, adjectif démonstratif, préposition, etc.). Ce sont donc les accents métriques qui mettent en valeur la dernière syllabe des groupes rythmiques:

> Fon**tai** / ne, ma fon**tai** / ne, eau froide**ment** / pré**sente**
>
> (Paul Valéry)

Les accents métriques coupent ce vers en quatre groupes rythmiques. Ces accents peuvent être fixes ou mobiles.

a) Les Accents fixes

Dans chaque vers la dernière syllabe prononcée est frappée d'un accent **fixe**. Mais dans les vers de plus de huit syllabes, comme les décasyllabes (vers de dix syllabes) et les alexandrins (vers de douze syllabes), il y a aussi un **accent de relais** se trouvant à une place **fixe** à travers tout le poème. Dans les décasyllabes cette **coupe**, ou **césure**, se trouve le plus souvent après la quatrième syllabe, mais peut être située après la sixième syllabe. Dans les alexandrins la césure se trouve normalement après la sixième syllabe, séparant l'alexandrin en deux parties égales appelées **hémistiches**:

> Ici se préfigure // une mort de lumière,
> N'importe dans quel temps // ici tu vas mourir
>
> (Pierre-Jean Jouve)

Parfois, et surtout à l'époque romantique, on remarque des alexandrins ayant trois accents au lieu de quatre, coupant ainsi le vers en trois segments rythmiques—c'est **le trimètre romantique**, ou le rythme ternaire (les coupes sont placées le plus souvent après la quatrième et la huitième syllabe).

> Tu fais l'ef**fet** / d'un beau vais**seau** / qui prend le **large**.
>
> (Charles Baudelaire)

Dans cet alexandrin on ne peut pas séparer l'adjectif «beau» du nom «vaisseau» pour mettre l'accent métrique sur la sixième syllabe. Le rythme ici renforce le sens; rejetant le rythme normal de l'alexandrin, le vers amplifie les mesures et lui-même semble «prendre le large».

b) Les Accents mobiles

La place des autres accents métriques est libre; il faut les déterminer par le sens et par la syntaxe des vers. On les appelle des **accents mobiles** parce qu'ils changent de place.

Dans l'alexandrin on trouve d'habitude un accent mobile dans chaque hémistiche, ce qui donne deux accents mobiles et deux accents fixes dans chaque alexandrin:

> Ce**lui** / de qui la **tê** //te au **ciel** / était voi**sine**
> Et dont les **pieds** / tou**chaient** // à l'empi/re des **morts**.
>
> (Jean de La Fontaine)

Dans les vers décasyllabiques on trouve le plus souvent trois accents métriques, dont un à la fin du vers, un avant la coupe et un autre mobile.

Voici une strophe d'un poème par Pierre Emmanuel où chaque vers a trois accents. La coupe tombe après la quatrième syllabe; l'accent de relais est donc à une place fixe sur la quatrième syllabe à travers ce poème:

> Mes yeux mes **mains** // c'est **là** tout mon ro**yaume**
> Mes yeux ma **bouche** // et le **creux** de mes **mains**
> J'y vois la **nuit** // Le **jour** m'est un fan**tôme**
> Je parle au **vent** // Je me **tais** chez les **miens**
> 5   Moi qui pour**rais** // boire un **ciel** dans ma **paume**
> Ce n'est que **lie** // en **moi** que je re**tiens**
>
> (*Évangéliaire*, 1961)

Dans les octosyllabes et dans les vers de six syllabes les accents sont tous mobiles. On remarque pourtant une tendance à avoir toujours le même nombre d'accents dans chaque vers d'un poème. Voici un principe à suivre dans la détermination des accents mobiles: les accents doivent coïncider avec les accents toniques et syntaxiques de la langue. Il est pourtant vrai que chez les poètes moins traditionnels même ce principe n'opère plus!

Pour analyser le rythme métrique d'un vers, il faut le diviser en syllabes et noter les accents fixes et les accents mobiles. Ensuite, en comptant le nombre de syllabes dans chaque mesure, on arrive à trouver le schéma du vers. Prenons l'exemple du vers de Paul Valéry déjà cité:

Fon**tai** /ne, ma fon**tai** // ne, eau froide**ment** / pré**sente**
   1 2 / 3   4   5 6 //   7   8 9 10 /   11 12

Ce vers de douze syllabes est divisé en quatre mesures, la première ayant 2 syllabes, la deuxième 4, la troisième 4, et la quatrième 2. La césure est après la sixième syllabe. On peut donc noter le rythme métrique ainsi:

2 + 4 // 4 + 2

2. Les Rythmes secondaires

Le rythme métrique est primordial et crée le rythme de base des poèmes traditionnels. D'autres rythmes coexistent avec lui et apportent un enrichissement au rythme des vers. Lorsque le mètre régulier est affaibli ou abandonné, ces rythmes compensent cette absence. Ils peuvent se substituer à l'accent métrique ou être présents simultanément avec lui. Les accents ou rythmes secondaires sont moins fréquents dans la poésie classique. Par contre ils jouent un grand rôle dans la poésie du XXe siècle et chez les poètes d'aujourd'hui.

L'accent d'insistance ou d'intensité porte sur la première syllabe d'un mot ou d'un groupe de mots qui normalement resterait inaccentué mais que le poète choisit de mettre en relief pour souligner un effet émotif ou intellectuel. En voici quelques exemples dans deux vers de Baudelaire:

> Ma Dou**leur**, / donne-moi la **main**; / *viens* par i**ci**,
> *Loin* **d'eux**. / *Vois* se pen**cher** // les dé**fun** / tes an**nées**,

Les accents métriques établissent le rythme d'un trimètre dans le premier vers (3 + 5 + 4) et d'un alexandrin régulier (2 + 4 // 3 + 3) dans le deuxième. Et pourtant, deux accents secondaires s'imposent aussi dans chaque vers. Ces accents d'insistance (indiqués en italiques) sont demandés par la syntaxe et le sens des vers; trois sont sur des impératifs («donne», «viens», «vois») et l'autre est sur un important marqueur spatial («loin»).

Un **rythme des rimes** est sensible dans la longueur des vers et signalé par le retour des rimes. Dans les deux vers de Baudelaire qu'on vient de citer, les vers sont de douze syllabes. Le rythme secondaire fondé sur le retour des rimes à la fin de chaque vers est donc 12 + 12. Un rythme secondaire est créé aussi par **les pauses syntaxiques** marquées par la ponctuation; ces pauses syntaxiques coïncident dans le premier vers de Baudelaire avec les accents métriques et dans le deuxième introduisent un rythme plus ample (2 + 10) qui continuera en s'augmentant dans les vers qui suivent.

Dans les vers suivants de Guillaume Apollinaire, on trouve trois accents dans chaque vers, à l'exception du troisième vers. Un accent d'insistance se manifeste dans le troisième vers sur le mot «comme». En mettant l'accent sur ce mot-outil, Guillaume Apollinaire souligne la notion d'analogie:

> Les sa**pins** en bon**nets** poin**tus**
> de **lon**gues **ro**bes revê**tus**
>   **com**me des astro**logues**
> sal**uent** leurs **frè**res abat**tus**
> les ba**teaux** qui sur le **Rhin voguent**
>
> (*Alcools*, 1913)

Voici à titre d'exemple un tableau qui analyse les rythmes de la strophe d'Apollinaire qu'on vient de citer. On notera l'absence de ponctuation et un blanc au début du troisième vers.

Rythme	Vers 1	Vers 2	Vers 3	Vers 4	Vers 5
métrique	3+3+2	2+2+4	1+5	2+2+4	3+4+1
rimes	8	8	6	8	8
insistance			comme		
pauses			38		
blancs			début de vers		

3. Effets de discordance

À la fin d'un vers (parfois aussi à la césure) si le sens n'est pas complet et si la fin du vers sépare deux mots très liés par le sens et par la grammaire, il y a un **enjambement**. Cette discordance entre la syntaxe et le mètre est souvent marquée par l'absence de ponctuation à la fin du vers:

> Un rat des plus petits voyait un éléphant
> Des plus gros et raillait le marcher un peu lent
> De la bête de haut parage.
> (Jean de La Fontaine, *Fables*, 1678)

Si l'enjambement consiste à faire déborder un mot, ou un petit groupe de mots, sur le début du vers suivant, on l'appelle **un rejet**:

> Les derniers traits de l'ombre empêchent qu'il ne voie
> **Le filet**. . . . (Jean de La Fontaine)

L'effet de ce rejet est de renforcer le sens des vers; en cachant, pour ainsi dire, «le filet» dans le vers suivant. Au niveau linguistique, le poète crée pour le lecteur une surprise comparable à celle décrite dans le poème au niveau sémantique.

Si l'enjambement consiste à mettre à la fin d'un vers un mot, ou un petit groupe de mots, appartenant par leur syntaxe au vers suivant, c'est **un contre-rejet**:

> Alors le mort sortit du sépulcre; **ses pieds**
> Des bandes du linceul étaient encor liés.

L'effet de ce contre-rejet de Victor Hugo est de mettre en valeur «ses pieds». Hugo a essayé de rompre l'uniformité du vers classique en pratiquant des enjambements audacieux.

4. À la recherche de rythmes nouveaux

Les efforts pour assouplir le vers classique ont donc créé une discordance entre les accents métriques et les unités syntaxiques. Si à l'époque romantique Victor Hugo prônait l'enjambement et supprimait souvent la césure médiane de l'alexandrin, ces dislocations des vers traditionnels s'accentuaient avec Arthur Rimbaud et Paul Verlaine. Verlaine, par exemple, dans son poème «Chanson d'automne», crée une discordance en mettant l'article défini à la fin d'un vers, coupé ainsi de son substantif et dans une position qui reçoit normalement un accent:

> Pareil à la
> Feuille morte.

Rimbaud, quant à lui, tout en conservant le vers de 12 syllabes dans son poème, «Mémoire», supprime la césure et pratique des enjambements:

> leur livre de maroquin rouge! Hélas, Lui, comme
> mille anges blancs qui se séparent sur la route,
> s'éloigne par-delà la montagne! Elle, toute
> froide, et noire, court! après le départ de l'homme!
> (*Derniers vers*, 1886)

Des poètes modernes pratiquent régulièrement l'enjambement et ne règlent leurs alinéas (les débuts de ligne) que par les effets stylistiques visés:

> il n'y a plus de date plus de mois
>   plus de semaine
> c'est une longue journée bariolée de jour
> bariolée de nuit de noir de blanc de cri
> de soleil de silence
>   et qui tourne roule roule
> (Françoise Bujold, *Piouke fille unique*, 1982)

L'accent métrique à la fin des vers et l'alinéa séparent les mots et les groupes de mots mettant en relief certaines notions de temps («plus de semaine») et d'espace («et qui tourne roule roule»). Ces vers sans ponctuation miment le sujet évoqué («cette longue journée»), car le temps qui s'écoule sans être marqué par des pauses ressemblent à ces vers qui débordent et enjambent sur les espaces du poème.

* * *

Le rythme ne dépend plus exclusivement du système classique de mètre, ce qui nécessite d'autres principes d'organisation et l'invention d'autres pratiques rythmiques. La notion de rythme est basée sur **la répétition**, c'est à dire sur le retour des phénomènes qui servent à cadencer le mouvement du texte.

Depuis le XIXᵉ siècle certains poètes ont abandonné **la ponctuation**, ou ponctuent peu. On pourrait considérer **l'utilisation des blancs**, par exemple, comme un procédé ponctuant le vers afin d'installer ses propres rythmes:

> Par là   l'été s'empoudre à peine de clarté   chancelle
>   sous le soc de briller en accroissements
>
> (Yves Préfontaine)

Même la mise en page d'un poème n'est donc pas à négliger. En effet un **rythme typographique**, établi notamment par la présence des blancs à l'intérieur des vers, ainsi que par d'autres blancs précédant ou suivant les mots d'un vers, a des fonctions importantes dans la poésie moderne et contemporaine. L'espace blanc marque une pause ou un silence; il accentue la dernière syllabe qui le précède et renforce l'attaque du mot qui le suit. Certains arrangements visuels des mots sur la page privilégient des espaces variables qui se trouvent en début de vers ou à leur fin:

> peut-être était-ce en hiver tes yeux de source déjà
>   figée se
>   muaient en
>   miroirs pour
> confondre mon âme quelqu'un a échappé un
> caillou et tout a
> cassé tu étais pourtant incassable et
>   fragile comme
>   l'eau de source
>
> (Raôul Duguay, *Ruts*, 1966)

D'autres éléments (sons, mots, tropes, figures) se prêtent aussi à la répétition et sont exploités pour leurs effets rythmiques. Un **rythme**

phonique est présent, par exemple, quand il y a une répétition de phonèmes (allitération ou assonance):

> **En** de**r**niè**re** heure de l'hi**ver**
> J'ai décou**vert** le **v**ent, le **vert**
> **en** ce premier jour de print**em**ps
> le **vent**.
>
> (*Le Laboratoire central*, 1921)

Dans ces vers de Max Jacob, les rimes intérieures («dernière» / «hiver» / «découvert» / «vert») aussi bien que la répétition de la nasale («en» / «vent» / «en» / «printemps» / «vent») donnent une configuration ryhmique au poème.

Certains poèmes épousent un **rythme d'images** fondé sur une suite ou une accumulation de métaphores, de comparaisons, ou de notations descriptives, disposée de façon à créer sa propre dynamique et à générer ainsi son propre sens.

> érable barré   bois d'orignal   nourriture d'été fidèle
>   au gibier traqué dans les murs et la fougère
> érable à feu   érable argenté   veines bleues dans le
>   front des filles
> érables à feuilles de frêne   aunes-buis qui poussent
>   comme rire et naissent à la course
> érable à sucre   érable source
> (Paul-Marie Lapointe, *Choix de poèmes / Arbres*, 1960)

En fin de compte, toutes ces inventions rythmiques ne sont que l'extension du principe poétique qui veut que *tous* les éléments présents dans un poème concourent à produire un sens global, à activer la signifiance poétique.

Exercices

1. Dans les vers suivants découpez les syllabes. Notez le nombre de syllabes dans chaque vers. Identifiez le mètre. Indiquez le rythme des accents métriques.

Exemple: «Com/me on/ voit/ sur/ la/ bran//che au/ mois/ de/ mai/ la/ rose» —**12 syllabes**. C'est **un alexandrin**. Le rythme: 3 + 3 / / 4 + 2

a)
C'est l'heure exquise et matinale
Que rougit un soleil soudain
À travers la brume automnale
Tombent les feuilles du jardin.
(François Coppée, *Les Intimités*, 1868)

b)
Des mers naissent, montées
d'océans précipices
et d'abîmes farouches
que l'image enchantée
ramène apaise et couche
sur les plages propices
(Suzanne Paradis, *Le Visage offensé*, 1966)

c)
Ces atômes de feu, qui sur la Neige brillent,
Ces étincelles d'or, d'azur, et de cristal,
Dont l'Hiver, au Soleil, d'un lustre oriental
Pare ses Cheveux blancs que les Vents éparpillent.
(Saint-Amant, *Oeuvres*, 1649)

d)
Il l'étreignit, ainsi qu'un mort étreint sa tombe,
Et s'arrêta. Quelqu'un, d'en haut, lui cria: — Tombe!
(Victor Hugo)

2. Indiquez pour les vers suivants s'il s'agit d'un simple enjambement, d'un rejet, ou d'un contre-rejet:

a)
Ils perdirent l'étoile un soir. Pourquoi perd-on
L'étoile? . . . D'un oeil pur l'avaient-ils regardée?
(Émile Rostand)

b)
Il serpente, et, laissant les herbages épais
Traîner derrière lui comme une chevelure,

Il va d'une tardive et languissante allure.
>> (Sully Prudhomme, *Les Solitudes*, 1869)

c)   Attendez les zéphyrs. Qui vous presse? Un corbeau
Tout à l'heure annonçait malheur à quelque oiseau.
>> (Jean de La Fontaine)

3. Faites un tableau analysant le rythme des vers qui suivent: le rythme métrique, le rythme des rimes, les accents d'insistance, le rythme des pauses syntaxiques.

Mais moi, sous chaque jour courbant plus bas ma tête,
Je passe, et, refroidi sous ce soleil joyeux,
Je m'en irai bientôt, au milieu de la fête,
Sans que rien manque au monde immense et radieux.
>> (Victor Hugo, *Feuilles d'automne*, 1831)

4. Dans cet extrait du poème intitulé «La Marche» étudiez comment France Théoret organise les rythmes d'un long verset:

Elle s'y prend d'un long pas à longueur de longues jambes.
Les bras longs aussi. Elle démarche et déroule sur les trottoirs la cadence d'une qui a appris ailleurs où dont elle
saurait qu'on ne demandera pas et que'elle ne dira pas non
5   plus. Elle prospecte constamment l'écho des choses, le
plus souvent d'une pomme ou de quelques fruits parfois,
elle demande un lait chaud. Elle ne s'empêtre pas des
failles, elle a une haute stature sure d'être un elfe et jamais
sûre d'être assurée, elle n'a nulle envie d'être assurée de
10   quoi que ce soit, elle marche et autour ça passe dans la rue
pleine des quatre heures de l'après-midi rue Saint-Laurent.
>> (*Nécessairement putain*, 1980)

Chapitre IX

Applications

Chaque poème est unique. C'est pourquoi il n' y a pas de recettes toutes faites pour l'étude du texte poétique. On ne peut ni lire ni étudier exactement de la même façon un sonnet de Baudelaire, chargé de tropes et d'images, un poème satirique de Mathurin Régnier, et un poème moderne d'Anne Hébert. De plus, chaque lectrice et chaque lecteur a sa propre perspective. Et pourtant, certaines approches stylistiques se pratiquent et sont conseillées aux étudiant(e)s qui veulent apprendre à mieux lire et à mieux exprimer leurs expériences comme lecteurs ou lectrices de la poésie. Les méthodes proposées dans les pages qui suivent ne sont pas prescriptives, c'est-à-dire qu'elles sont envisagées plutôt comme tremplins pour lancer l'étudiant(e) à la recherche de sa propre méthode.

L'explication de texte, exercice dans lequel on étudie un poème en faisant un commentaire vers par vers et strophe par strophe, peut être utile comme étape préliminaire. Quand elle est bien faite, l'explication de texte est une pratique enrichissante. Néanmoins, il est parfois difficile d'éviter le piège de la paraphrase et de fournir une vue globale du poème. On a souvent tendance à mettre dans ses propres mots chaque vers sans vraiment entrer dans l'analyse proprement dite. C'est pourquoi l'explication de texte ne figure pas parmi les méthodes préconisées ici comme méthode d'approche à l'étude du poème.

Nous allons plutôt, dans les pages suivantes, recommander deux méthodes, l'une analytique et l'autre synthétique. La première méthode, **l'analyse** du poème, consiste en l'étude de chaque aspect du texte l'un après l'autre (suivant en gros les rubriques indiquées dans les pages précédentes). La deuxième, **le commentaire** du poème, offre une approche plus globale, plus synthétique; c'est une méthode par laquelle on organise l'étude du poème autour de deux ou trois grands axes d'interprétation.

Ce qui est fondamental dans les deux approches, c'est la conviction que tous les éléments et tous les procédés stylistiques entretiennent des rapports étroits les uns avec les autres. C'est pourquoi il faut toujours se rappeler qu'il s'agit non seulement d'identifier les différents aspects du texte et les procédés poétiques, mais qu' il y a aussi un travail d'interprétation. Les effets poétiques doivent donc toujours être notés.

Le Début de l'analyse ou du commentaire

L'analyse et le commentaire commencent tous les deux par une introduction. Cette introduction doit normalement comprendre trois ou quatre paragraphes. Le premier paragraphe comporte une brève présentation de l'auteur, du titre du poème et de l'oeuvre dont il est tiré, aussi bien que l'identification du thème principal, du sentiment dominant et du ton. Un paragraphe donnera un bref aperçu de la forme poétique: genre de poème, strophes, rimes et mètre. Un autre paragraphe va évoquer la voix et la situation discursive du poème. Le plan de l'analyse doit s'annoncer explicitement ou implicitement dans l'introduction. On voit la grande importance que revêt cette première étape qui devient le point de repère pour le travail d'interprétation et d'analyse qui va suivre. Après cette partie préliminaire, chaque méthode—l'analyse et le commentaire—va se dérouler selon ses propres conventions.

Première méthode: L'Analyse

En ce qui concerne l'analyse du poème, elle comprendra d'habitude les rubriques suivantes:

1. La Structure et l'organisation
2. Le Lexique et les aspects grammaticaux
3. Les Tropes et les figures de rhétorique
4. Les Effets sonores
5. Le Rythme
6. La Conclusion: un paragraphe qui fait la synthèse des aspects les plus importants et qui analyse la portée du texte.

On verra dans les exemples qui suivent que l'étudiant(e) peut diviser explicitement son analyse à partir de ces rubriques ou éventuellemet adopter un style un peu plus libre (comme dans l'analyse du poème par Jacques Prévert, «Le Jardin»).

Deuxième méthode: Le Commentaire

Dans ce deuxième modèle, après avoir fait l'introduction et l'étude de l'organisation et structure du poème, il faut trouver un plan avec deux ou trois grands axes d'interprétation sous lesquels on regroupera les données—ou procédés—selon une organisation logique. Chaque grande partie aura des sous-parties, toujours avec des exemples très précis. Chaque axe d'interprétation—c'est-à-dire, chaque grande partie—doit *s'appliquer à l'ensemble du poème.* Par exemple, si le commentaire avait comme une grande partie l'évocation d'une atmosphère paisible, on pourrait étudier comme sous-parties: le lexique ayant un rapport avec la tranquillité et l'emploi des sonorités apaisantes. On mettrait sous un autre axe d'interprétation d'autres sous-parties : les tropes et figures de rhétorique, les structures grammaticales et le rythme. En somme, on essaie de faire entrer dans le commentaire *toutes* les données importantes découvertes pendant le travail d'analyse préparatoire. Il est important de dresser un plan d'avance. Le commentaire termine par un paragraphe qui fait la synthèse des aspects les plus importants et qui analyse la portée du texte.

EXEMPLES

Texte 1

Ode à Cassandre

Mignonne, allons voir si la rose
Qui ce matin avait déclose
Sa robe de pourpre au soleil
A point perdu, cette vêprée,
Les plis de sa robe pourprée
6   Et son teint au vôtre pareil.

Las! voyez comme en peu d'espace,
Mignonne, elle a dessus la place,
Las, las! ses beautés laissé cheoir;
Ô vraiment marâtre Nature,
Puisqu'une telle fleur ne dure
12   Que du matin jusques au soir!

Donc, si vous me croyez, mignonne,
Tandis que votre âge fleuronne
En sa plus verte nouveauté,
Cueillez, cueillez votre jeunesse:
Comme à cette fleur, la vieillesse
18   Fera ternir votre beauté.

Pierre de Ronsard (1524-85)

Analyse

Voici une petite ode horatienne composée par le poète français Pierre de Ronsard, le plus illustre membre de La Pléiade. Ronsard avait vu une jeune fille qui s'appelait Cassandre à un bal à Blois en avril 1545. On ne sait pas si le poète est vraiment tombé amoureux d'elle. En tout cas, dans ses deux premiers recueils de poésies amoureuses (*Les Amours* 1552-1553), c'est à «Cassandre»—prénom évoquant une légende grecque—que s'adresse le poète. «L'Ode à Cassandre» est tirée de l'édition de 1553. En analysant de près la versification, le style et les divers procédés poétiques utilisés par Ronsard, nous comprendrons mieux pourquoi elle est reconnue dans la littérature française comme un petit chef-d'oeuvre.

Le thème principal est l'amour et l'empressement de l'amant qui veut convaincre la femme de partager son amour. Un ton lyrique rempli de tendresse, et connoté dès le début par le terme «mignonne», laisse entrevoir le sentiment de l'amant. Le sentiment dominant—un amour tendre—est soutenu par la répétition du mot «mignonne» dans chaque strophe. La tendresse est pourtant nuancée par la déception de la deuxième strophe quand l'amant voit que la rose a, en effet, perdu sa beauté. Un ton d'urgence s'ajoute, donc, à la tendresse dans la dernière strophe où le topos *carpe diem* («cueillez votre jeunesse») traduit l'impatience de l'amant.

La situation discursive présentée dans ce sonnet met en scène un amant (le locuteur), qui parle à une jeune femme (la destinataire). Le locuteur est indiqué par le verbe «allons» et par le pronom personnel «me»; il s'adresse directement à la destinataire. Le passage du temps est souligné par les déictiques temporels «ce matin» (vers 2) et «cette vêprée» (vers 4). Le monologue a lieu dans un jardin à la fin de la journée. Un mouvement à travers le jardin est indiqué par l'invitation, «allons», de la première strophe et la constatation décevante de la deuxième strophe lorsque les amants arrivent devant la rose qui a perdu ses pétales. Il s'agit du topos de la promenade des amants utilisé par tant de poètes lyriques.

Quant à la forme poétique, l'ode est une forme strophique très libre que Ronsard adapte ici à l'expression des sentiments d'amour. Les trois sizains octosyllabiques de chaque strophe sont disposés en une rime plate suivie de rimes embrassées (aabccb). Les rimes masculines et féminines alternent; la plupart des rimes sont suffisantes, mais dans chaque vers se trouve une rime riche («vêprée»/ «pourprée»; «cheoir»/ «soir»; «nouveauté»/ «beauté»).

1. La Structure et l'organisation

Les trois strophes obéissent à deux principes d'organisation : la logique d'un argument persuasif et la progression temporelle et spatiale de la promenade. Néanmoins, c'est la comparaison entre la jeune femme et la rose qui motive le déroulement de l'argument et de la promenade et qui constitue ainsi l'élément qui au plan figuratif unifie la trame du poème. La première strophe est une invitation; la deuxième est une constatation que la la rose a perdu sa beauté; la troisième est une imprécation: «Cueillez, cueillez votre jeunesse». Les deux premières strophes présentent un petit drame. L'action se passe dans un jardin le soir. Les deux amants ne savent pas au début du poème (vv. 1-6) si la rose a perdu sa beauté; ils arrivent devant la fleur dans la deuxième strophe et c'est alors qu'arrive le dénouement: «elle a dessus la place, / Las, las! ses beautés laissé cheoir»).

2. Le Lexique et la structure grammaticale

Les deux champs lexicaux de la nature et de l'amour se fondent dans ces vers. La rose est décrite dans la première strophe utilisant des termes qui normalement appartiennent au champ lexical de la femme; la femme, pour sa part, est associée à la fleur par le choix d'un vocabulaire appartenant au monde végétal. Le lexique nous semble aujourd'hui, à certains endroits, archaïque, mais à l'epoque de Ronsard ce n'était pas le cas (Robert, *Dictionnaire historique*). Ces mots-- «déclose» (ouvert), «vêprée» (soirée), «cheoir» (tomber), «marâtre» (mère cruelle)—ajoutent de nos jours un charme vieillot au texte. Le poète fait appel au sens de la vue par l'emploi du verbe *voir*: «Allons voir» (v. 1); «Voyez» (v. 9) et par des allusions aux couleurs: «pourpre» (v. 3), «pourprée» (v. 5) et «verte» (v. 15). Des verbes à l'impératif («allons», «voyez», «cueillez, cueillez») sillonnent l'ode traduisant le ton d'empressement et d'insistance chez l'amant. Par ailleurs, la transition logique faite par la conjonction «Donc» au vers 13 montre bien clairement l'aspect argumentatif du discours de l'amant. La répétition du mot familier «mignonne» (vv. 1, 8, 13) souligne le sentiment de tendresse éprouvé par l'amant. Des topoi de la poésie amoureuse abondent: la fuite du temps (*tempus fugit*), le besoin de profiter du temps (*carpe diem*), la brièveté de la vie (*vita brevis*). Des antonymes conviennent bien à l'expression du discours logique du poème: «ce matin»(v.2) / «cette vesprée» (v. 4); «matin» / «soir» (v. 12); «jeunesse» (v. 16) / «vieillesse» (v. 17). Enfin, le choix du singulier au lieu du pluriel pour désigner la rose met en évidence la singularité de cette femme. Comme la rose, elle est unique.

3. Les Tropes et les figures de rhétorique

La rose symbolise la femme dans la poésie de Ronsard. Sa beauté et la brièveté de sa période de floraison constituent les points de comparaison entre les deux. Par une métaphore filée Ronsard prolonge la comparaison à travers le poème. La beauté de la femme est déjà connotée dans la première strophe par les termes utilisés pour décrire la rose: «sa robe de pourpre», «les plis de sa robe», «son teint»; et ensuite, dans la dernière strophe, l'association de la femme et de la fleur est encore connotée par des termes métaphoriques: «fleuronne», «verte nouveauté», «cueillez». Au début, le locuteur semble donner à la rose le statut de comparé et à la femme celui de comparant; cela est renforcé par une comparaison, «son teint au vôtre pareil» (v. 6). Dans les derniers vers, les rôles métaphoriques sont renversés; c'est, en effet, la femme qui est mise en vedette et qui, par une suite de métaphores, devient le comparé («votre âge fleuronne», «cueillez votre jeunesse»). Les deux derniers vers constituent un parallélisme avec le dernier vers de la première strophe (v. 6), car, ici encore, se présente une comparaison. Cette fois, pourtant, c'est la femme qui est le comparé et la fleur qui est le comparant: «Comme à cette fleur, la vieillesse / Fera ternir votre beauté».

D'autres figures de rhétorique enrichissent le texte de «L'Ode à Cassandre». Le ton lyrique est soutenu par l'apostrophe («Ô vraiment marâtre Nature»—v. 10), par des exclamations («las» —vv. 7 et 9) et par la personnification de la Nature. L'anacoluthe (une structure grammaticalement incomplète) des deux derniers vers exprime encore une fois le ton urgent qui traverse le poème: «Comme à cette fleur, la vieillesse / Fera ternir votre beauté».

4. Les Effets sonores

C'est surtout par l'allitération que le pouvoir expressif des sons est exploité par Ronsard. Dans les six premiers vers, par exemple, des labiales récurrentes semblent bien appuyer un ton d'intimité et de familiarité. La strophe commence par la consonne m («Mignonne») qui est répétée au vers suivant («matin»). Ensuite les p ponctuent les vers («pourpre», «point perdu», «vêprée», «plis», «pourprée», «pareil»). Dans la dernière strophe, là où l'amant devient plus impatient, la consonne occlusive [k] s'impose: «Cueillez, cueillez» (v. 16) et «Comme» (v. 17). C'est aussi par le mot abrupt «Donc» que débute cette strophe.

5. Le Rythme

Les cadences des octosyllabes sont mesurées en groupes rythmiques; la plupart des vers ont deux accents métriques. Pourtant, il y en a quatre qui possèdent trois accents. C'est le cas des vers qui commencent chaque strophe, ce qui est en effet une position forte. Notons, par exemple, le premier vers: «Mignonne, allons voir si la rose» (2 + 3 + 3) où les mesures de trois syllabes déclenchent, pour ainsi dire, le mouvement du poème; le mouvement continue par des enjambements et ne trouve pas de pause syntaxique avant la virgule du quatrième vers. Les deux vers ayant trois accents métriques dans la deuxième strophe sont perturbés dans leur rythme par la force des émotions; tous deux commencent par l'exclamation «Las». Le premier vers de la dernière strophe est fortement marqué sémantiquement par la conjonction logique qui l'introduit: «Donc, si vous me croyez, mignonne» (1 + 5 + 2). Les accents d'intensité sont plus subjectifs, mais on serait tenté d'ajouter aux accents métriques («fleur», «dure») du vers 11 un léger accent secondaire sur «telle», et d'en faire autant au début du vers 17 où «Comme», reprenant l'allitération de la consonne occlusive [k] du vers précédent («Cueillez, cueillez»), souligne la notion de similitude entre la femme et la rose. La première strophe a beaucoup de fluidité dans son mouvement, n'étant interrompue syntaxiquement par la ponctuation que quatre fois. Par contre, les quatre premiers vers de la strophe suivante, reflétant la grande déception devant le spectacle de la rose flétrie, sont sept fois interrompus par la ponctuation. L'empressement du locuteur se traduit aussi dans les derniers vers par des coupes plus fortement marquées: «Cueillez, cueillez votre jeunesse».

* * *

Pendant la Renaissance les poètes français ont subi l'influence des auteurs grecs et latins. Cette ode horatienne, «L'Ode à Cassandre», est l'expression d'une philosophie épicurienne, c'est-à-dire d'une morale fondée sur le plaisir. Ronsard met en oeuvre les ressources stylistiques de la langue et de la versification pour créer un poème dans lequel la rose devient le symbole de la nature éphémère de la beauté et des plaisirs humains.

—Sophie Bernard (étudiante de troisième année, premier cycle)

Texte 2

La Pipe

Assis sur un fagot, une pipe à la main,
Tristement accoudé contre une cheminée,
Les yeux fixés vers terre, et l'âme mutinée,
Je songe aux cruautés de mon sort inhumain.

5   L'espoir qui me remet du jour au lendemain,
Essaie à gagner temps sur ma peine obstinée,
Et, me venant promettre une autre destinée,
Me fait monter plus haut qu'un empereur romain.

Mais à peine cette herbe est-elle mise en cendre,
10   Qu'en mon premier état il me convient descendre
Et passer mes ennuis à redire souvent:

Non, je ne trouve point beaucoup de différence
De prendre du tabac à vivre d'espérance,
Car l'un n'est que fumée, et l'autre n'est que vent.

Antoine-Girard de Saint-Amant (1594-1661)

Commentaire

Poète baroque de la première moitié du dix-septième siècle, Saint-Amant en incorpore les paradoxes. C'est une grande période d'invention et d'aventure, mais aussi de guerre et d'affrontement de croyances, une époque de stabilité croissante pour certains et de détresse pour d'autres. Saint-Amant, actif *et* contemplatif, interroge les idées reçues sur la vie, la mort, l'amour et l'espoir dans une poésie qui se questionne elle-même. Le sonnet que nous étudions, «La Pipe», publié dans ses *Oeuvres* de 1629, illustre cette mise en doute des données de la vie. C'est un sonnet de forme régulière écrit à la première personne, ce qui crée un effet de rapprochement entre le poète et le lecteur. Le *je* qui parle représente la voix personnelle du poète qui dévoile son état intérieur—ses pensées et ses sentiments à un destinataire qui reste anonyme. Le lecteur est donc invité à assister au processus d'introspection du narrateur.

La métaphore centrale du poème est celle de la fumée de la pipe, à laquelle le *je* poétique compare l'espérance. Est-ce une perplexité à propos de la vie, ou uniquement une interrogation sur les vains espoirs

qui inspirent l'humanité? Cette irrésolution montre le ton de doute du
sonnet, qui, sous un aspect de mélancolie poétique, pose des questions
profondément métaphysiques.

Le mouvement principal du poème est vertical: les hauts et les bas
du regard et de la fumée nous indiquent une attention aux soucis d'un
parcours de la vie entre la terre et le ciel. Nous étudierons ce mouvement
et son apport au poème. L'image centrale est celle de l'éphémère, du
feu, surtout, et de ce qui reste après son ardeur—nous tenterons d'en
tirer la leçon. Enfin, une approche plutôt métaphysique nous indiquera
un questionnement possible à l'intérieur du poème où le *je* se pencherait
sur lui-même et ferait de «la mise en question» elle-même l'objet d'un
regard poétique.

Le Mouvement vertical du sonnet

Le sujet du poème est assis; cette position du corps s'oppose à la
verticalité de la cheminée contre laquelle il est «accoudé». Un mouvement
de descente se dessine au troisième vers avec le regard des «yeux fixés
vers terre». Ici le rythme accentue les *yeux* et la *terre*, et donc l'idée de
la vue vers le «bas». Le contraste entre la terre et l'âme introduit l'axe
terre / ciel, et soutient l'idée du mouvement vertical. Puisque l'âme est
«mutinée», la direction du regard est de nouveau vers la terre. Nous voyons
ainsi, dès le début du sonnet, un tiraillement entre les hauts et les bas que
le *je* du poème subit, avec la prépondérance du regard vers le bas.

Dans la deuxième strophe, le mouvement est repris au figuré (par
une comparaison) avec la montée, «plus haut qu'un empereur romain»,
que prône l'espoir. Le huitième vers reproduit la pente de cette progression par le rythme des deux hémistiches (4 + 2 // 4 + 2) et signale
l'importance du mouvement vertical avec le placement à la césure du
mot «haut». La personnification de l'espoir le rend ennemi, ou au moins
contestataire, de la mélancolie, puisqu'il se hâte pour «gagner temps» sur
la peine du sujet. C'est la tristesse à laquelle le sujet songeait dans la
première strophe, et qui le faisait «baisser» les yeux. L'espoir représente
la montée qui est identifiée à la gloire par l'image de l'empereur romain.
Cette signification de la montée suggère un deuxième sens aussi pour la
peine. Celle-ci appartient toujours au sujet, mais par contraste à la gloire
de l'empereur, elle représente l'abaissement, sa condamnation sur terre.
Nous associons donc le «haut» à la gloire, à l'espoir et au ciel (suggéré
par l'âme, nous le rappelons), et le «bas» à l'abaissement, à la mélancolie
et à la terre.

Le thème de la descente revient dans le premier tercet («descendre»
au v. 10), où cette chute est redoublée par l'enjambement du vers 10 à
11, montrant le lien (souligné aussi par la conjonction «Et») aux «ennuis»
du vers 11. Dans ce premier tercet le *je* revient à son «premier état» (v.

9); les vers—4 des 6 hémistiches—reprennent le rythme berçant et mélancolique (3+3) du premier quatrain. L'assonance de la voyelle nasale [ã] de l'ensemble des vers des tercets souligne la tristesse où est descendue l'âme du sujet (vv. 9-14). Poussé par ces espoirs à «monter», il redescend aux ennuis, à la mélancolie. Il fait le rapport entre cette espérance *fausse* et la fumée de sa pipe, tout aussi éphémère, dans le dernier tercet. L'aspect du transitoire est souligné par les images centrales du texte, que nous étudierons plus loin. Mais n'oublions pas que la fumée du dernier vers *remonte*. On y reviendra dans la dernière partie de cette étude.

Les Images de l'éphémère

Les changements de mouvement dont nous venons de parler ne sont pas les seules transitions du poème. Il y a premièrement l'idée mensongère du temps en mouvement progressif; tout devrait *changer* «du jour au lendemain» si l'espoir avait raison (v. 5), mais le sujet en doute. Le son de l'hiatus du vers 6 («essaie à») mime sur le plan sonore l'effort de ce combat de *vitesse* entre l'espoir et la peine, et suggère que l'espérance est vouée à perdre. «Demain» est toujours en retard sur «aujourd'hui».

Remarquons aussi l'évolution du champ lexical du feu. Ce lexique est celui des *modifications* des éléments qui passent par la flamme. Le sujet est assis sur un «fagot» (v. 1), donc sur ce qui peut brûler. Nous nous demandons si la base de la vie est destinée à être mise en flammes, brûlée, mise en doute. Il tient une «pipe» (titre et v. 1)—est-ce qu'il *contrôle* le changement de l' «herbe» en «cendre» (v. 9), ou *s'oppose*-t-il au transitoire que représente ce feu? Au dix-septième siècle, «piper» voulait aussi dire «tromper». Le mot «pipe» aurait ainsi une connotation de déception, qui ferait partie du concept de l'éphémère sur lequel on compte, mais qui ne se réalise pas. La rime entre «cheminée» et «mutinée» semble soutenir l'opposition du sujet aux changements opérés par le feu. Notons aussi l'allitération du vers 2 («accoudé contre») à laquelle celle du vers 4 apporte un complément, y rattachant la «cruauté» du sort. La révolte du sujet est claire. Elle est la raison pour laquelle il compare le «tabac» (v. 13) à l'espérance. Les deux sont semblables, car éphémères, leur résultat étant la «fumée», instable comme le «vent» (v. 14). La répétition de «n'est que» rehausse la comparaison. Le sujet nie la vérité, la stabilité de l'espoir, et renonce à l'éphémère du mensonge qui lui promettrait la possibilité de remonter la pente et d'éviter sa peine. Il faut noter aussi que dans le dernier tercet la révolte est soulignée par l'accent rythmique qui met en valeur le mot «Non», premier mot du vers 12. Les oppositions du dernier tercet se reflètent également dans les rythmes binaires (2 + 4) qui envahissent ces derniers vers. Après le premier hémistiche, tous les autres suivent ce rythme oppositionnel.

Cependant le dernier mouvement du poème, indiqué dans l'ultime vers, est une *montée* (de la fumée). Les deux métaphores centrales sont juxtaposées: «prendre du tabac» = «fumée» / «vivre d'espérance» = vent. Le vent peut aussi, tout comme la fumée, dénoter un mouvement libérateur. Est-ce qu'il serait possible d'interpréter le sonnet en y trouvant une ouverture sur un affranchissement? C'est ce que nous verrons dans la prochaine section.

Le Poème: réponse au «sort inhumain»?

Nous avons vu que dans le refus du sujet de «regarder en haut» il y a le reniement d'une espérance qui lui mentirait. Cet espoir serait facilement «mis en cendre» comme le tabac. Et s'il y avait une autre stabilité, celle même du poème? Pour un texte évoquant la nature *fugace* de l'espoir, ce poème a une forme très stable. C'est un sonnet en alexandrins, aux rimes très régulières: abba abba ccd eed—cinq sons seulement dans les rimes finales, qui sont toutes riches ou suffisantes, et qui pratiquent l'alternance des rimes masculines et fémines. La structure n'a rien d'éphémère. Nous notons que le sujet se voit et se regarde, fait le portrait de lui-même et de ses doutes dans ce sonnet. Le fait qu'il est «contre» la cheminée peut démontrer une opposition à la nature *fugitive* du feu. La clef de cette interprétation est l'utilisation du mot «inhumain» pour désigner la révolte du sujet contre son sort, car ce n'est pas l'humanité qu'il renie, mais les espoirs faux qui le feraient monter plus haut que la terre. Le sort *inhumain*, pas le sort humain, est l'objet de sa critique. La destinée que les vains espoirs lui promettent serait fausse parce qu'elle nie son vrai état, son état d'homme. Et c'est en tant qu'homme, et, surtout, en tant que poète, que le sujet fait de l'éphémère un objet éternel. Un autre vent, celui de l'inspiration, produit le tableau de la fumée qui remonte, dans l'espace du moment nécessaire pour fixer le sonnet sur la page, pour créer le texte qui durera. Il ne fait pas partie du temps, il en ressort et oppose sa propre éternité aux changements multiples des contrastes entre l'espoir et la peine qui causent la mélancolie.

* * *

Nous sommes donc passés d'une lamentation sur les hauts (faux) et les bas de la mélancolie, à un bilan poétique sur la vie et sur la créativité humaine. En participant aux mouvements de l'espoir, le sujet se perd dans l'éphémère. Mais en se regardant et en dépeignant ses doutes, il peut vaincre la *piperie* des espoirs faux. Il capte le moment et le rend immortel par la création poétique.

Jacqueline Millner
(étudiante de 4ème année, premier cycle)

Texte 3

Le Pot de fleurs

Parfois un enfant trouve une petite graine,
Et tout d'abord, charmé de ses vives couleurs,
Pour la planter, il prend un pot de porcelaine
4   Orné de dragons bleus et de bizarres fleurs.

Il s'en va. La racine en couleuvres s'allonge,
Sort de terre, fleurit et devient arbrisseau;
Chaque jour, plus avant son pied chevelu plonge
8   Tant qu'il fasse éclater le ventre du vaisseau.

L'enfant revient; surprise il voit la plante grasse
Sur les débris du pot brandir ses verts poignards;
Il la veut arracher, mais sa tige est tenace;
12   Il s'obstine, et ses doigts s'ensanglantent aux dards.

Ainsi germa l'amour dans mon âme surprise:
Je croyais ne semer qu'une fleur de printemps;
C'est un grand aloès dont la racine brise
16   Le pot de porcelaine aux dessins éclatants.

Théophile Gautier (1811-72)

Analyse

Théophile Gautier, poète du dix-neuvième siècle, a subi l'influence du mouvement romantique et ensuite s'est dévoué à un culte de l'art pour l'art. Dans le poème «Le Pot de fleurs» qui a paru dans les *Poésies diverses* de 1838, le locuteur parle de l'amour qui fait souffrir. Cet objet, le pot de fleurs, devient le symbole de son expérience personnelle avec l'amour. La structure, le lexique, les tropes et les figures de rhétorique, ainsi que les effets sonores et le rythme du poème, mettent en évidence le thème de la rencontre malheureuse avec l'amour et un sentiment amer de désenchantement.

Il s'agit d'un poème composé de quatre quatrains en alexandrins. Chaque strophe est construite avec des rimes croisées et une alternance de rimes féminines et masculines. La plupart des rimes sont riches; les autres sont suffisantes.

La situation discursive dans ces vers semble d'abord présenter la voix d'un locuteur impersonnel qui raconte une histoire; c'est dans le dernier

quatrain que paraît enfin la voix personnelle avec le pronom «je» (v. 14).
La comparaison entre l'événement raconté dans les trois premiers quatrains devient alors explicite: «Ainsi germa l'amour dans mon âme surprise» (v. 13).

1. La Structure et l'organisation

Gautier construit son poème d'une façon logique. Les trois premières
strophes présentent le comparant (l'expérience du garçon) et la dernière
évoque explicitement le comparé (l'expérience du locuteur). Les premiers quatrains suivent un développement dramatique. Dans l'introduction
(vv.1-4), l'enfant trouve une graine et il la plante. Dans la partie centrale,
le personnage principal est la plante dont la racine brise le pot de fleurs.
Le dénouement présente le retour de l'enfant, sa réaction de surprise, et
son expérience douloureuse: «ses doigt s'ensanglantent» (v. 12). Avec la
quatrième strophe le locuteur passe logiquement à appliquer le petit
drame du garçon à son expérience personnelle. Le poème est donc bâti
autour d'une comparaison frappante.

2. Le Lexique et la structure grammaticale

Il y a deux champs lexicaux importants dans ce poème: celui de la
nature (le pot de fleurs) et celui de l'amour. Au début, le vocabulaire est
assez simple et familier: «un enfant», «une petite graine», «un pot de fleurs».
Le seul indice d'une situation anormale et menaçante à venir est fourni
par les deux motifs qui ornent le pot et surtout par leurs adjectifs qui
ressortent un tant soit peu de l'ordinaire: «Ornés de dragons bleus et de
bizarres fleurs» (v. 4). Ensuite, un réseau de vocabulaire métaphorique
souligne l'aspect violent avec le mot «couleuvres», et puis «poignards» (v.
10), et enfin «s'ensanglantent» (v. 12). Le vocabulaire des trois premiers
quatrains est concret et est relié d'abord aux sensations visuelles et puis,
tout d'un coup, à une sensation tactile lorsque l'enfant essaie d'arracher
la plante avec ses doigts (vv. 11-12). Le vocabulaire du dernier quatrain
est simple, mais plus abstrait. Il s'agit de l'interprétation sur le plan
symbolique de chaque terme des trois premiers quatrains qui maintenant
s'applique à l'expérience douloureuse de l'amant. Ainsi, le pot de fleurs
est l'équivalent de l'âme et la plante est l'amour.

Toujours au niveau sémantique, il faut relier non seulement tous les
détails du comparé qui se présentent dans la dernière strophe aux
éléments du comparant (vv. 1-12), mais comparer aussi le vocabulaire
utilisé dans chaque partie. Ainsi faut-il remarquer dans le dernier vers la
reprise de la notion de «dessins» du vers 4. Dans quel sens faut-il
comprendre le mot ici? C'est un mot polysémique qui indique dans ce
contexte les dessins amoureux du locuteur, tandis qu'au vers 4 les «dragons bleus» et les «bizarres fleurs» étaient tout simplement des dessins sur

un pot de fleurs. Presque chaque mot trouve son écho dans les vers précédents («germer»-«graine; «surprise»-«surpris»; «semer»-«planter»; «fleur»-«fleurit»; «grand»-«grasse»; «racine»-«pied chevelu»; «brise»-«éclater»). L'adjectif «éclatants» reprend le verbe «éclater» du vers 8, mais cette fois ce sont les dessins de l'amant qui sont «éclatants». On voit ainsi que le poème est bien unifié par son vocabulaire.

Les indications temporelles sont très importantes ici. Le premier mot, «parfois», est un adverbe qui annonce que l'histoire qui sera racontée n'est pas un événement singulier. Ce mot donne dès le début l'idée que le lecteur doit comprendre le petit drame de l'enfant sur un plan atemporel. Les verbes sont d'ailleurs tous au présent dans les trois premiers quatrains, ce qui renforce l'aspect d'un temps irréel. La dernière strophe est une rupture abrupte. Les verbes sont tout d'un coup au passé pour traduire la déception de l'amant. L'amour n'existe plus; le poète emploie le passé défini: «germa» (v. 13).

3. Les Tropes et les figures de rhétorique

La figure principale, celle qui donne au poème sa structure et son sens, est bien une comparaison. L'outil de comparaison est explicite; c'est le mot «Ainsi» qui lance le dernier quatrain. Les nombreux points de comparaison entre l'expérience du garçon avec la plante et l'expérience de l'amant deviennent alors évidents. L'amour est une graine plantée dans le coeur de l'amant, mais, tout comme la plante, en croissant il devient amer et brise le coeur de l'amant. La personnification de la plante commence dans le deuxième quatrain avec les allusions à son pied (v. 7); le pot aussi a son ventre (v. 8). Dans la strophe suivante la plante devient agressive en brandissant «ses verts poignards» (v. 10); elle est «tenace» (v. 11). Des métaphores renforcent l'aspect menaçant de cette plante: ses racines sont des couleuvres (v. 5); ses feuilles sont des poignards (v. 10). Encore d'autres métaphores opèrent à l'intérieur de la comparaison centrale pour rendre plus frappant le sentiment dominant de désenchantement: l'amour que l'amant croyait «une fleur de printemps» (v. 14) se transforme en «un grand aloès» (v. 15), c'est-à-dire une plante contenant un suc amer.

4. Les Effets sonores

Ces vers sont tissés de phonèmes qui se répètent créant ainsi un poème fort harmonieux. Les sonorités du début sont plus agréables à l'oreille que celles de la fin, mais en cela elles expriment bien le sens des vers. Les allitérations de labiales (b, p, f, v) dans les deux premiers quatrains contribuent à créer l'atmosphère calme (e.g. «Pour la planter, il prend un pot de porcelaine»—v. 3) sans ruptures. Avec le mot «éclater» (v. 8) d'autres sonorités plus dures et déplaisantes se montrent. C'est

que, activées par la signification dysphorique, les dentales, par exemple
(«Sur les débris du pot brandit ses verts poignards»—v. 10; «sa tige est
tenace»—v. 11) revêtent des connotations d'agressivité. On peut remarquer
dans le mot «éclater» au vers 8 un effet d'oscillation; ce mot, posé justement
au milieu du poème, est mis en valeur par ce procédé phonique. Un
effet semblable est créé par le mot «s'ensanglantent» (v. 12) où la présence
de trois voyelles nasales identiques prend aussi une valeur expressive; les
sons ressemblent à un cri de douleur.

5. Le Rythme

Le rythme des alexandrins est assez régulier avec quatre accents
métriques dans chaque vers. Pourtant les césures sont parfois affaiblies
par des pauses syntaxiques. Dans le vers 5, par exemple, après la
troisième syllabe, il y a un point qui termine la courte phrase «Il s'en va».
Au vers 9 un point virgule interrompt le rythme normal après la quatrième
syllabe: «L'enfant revient». Dans les deux cas ce qui est souligné est un
acte important de l'enfant. Un autre effet de rythme remarquable est la
mesure à la fin du vers 7 («plonge») ne contenant qu'une seule syllabe, ce
qui rend dramatique le sens de ce mot. Quelques enjambements (vv. 3-4;
7-8; 9-10; 15-16) renforcent la fluidité sonore des vers.

* * *

Dans ce poème de Théophile Gautier, le thème principal de l'échec
de l'amour est présenté de façon dramatique par une comparaison entre
un petit garçon blessé par une plante et un amant déçu, victime lui aussi
d'une rupture brutale. Par sa construction logique et par le choix de
vocabulaire et de structures grammaticales appropriées, le poète
rapproche le monde végétal et l'univers affectif du locuteur. D'autres
procédés de style comme la trame de sonorités expressives et le rythme
régulier font du poème un objet esthétique à la fois symétrique et
harmonieux. Paradoxalement, ce poème fortement unifié est justement
par cela tout le contraire lui-même de ce qu'il représente, c'est à dire un
univers éclaté qui se désintègre sans espoir de se remettre.

Frank Giordano
(étudiant de quatrième année, premier cycle)

Texte 4

Harmonie du soir

        Voici venir les temps où vibrant sur sa tige
        Chaque fleur s'évapore ainsi qu'un encensoir;
        Les sons et les parfums tournent dans l'air du soir;
4   Valse mélancolique et langoureux vertige!

        Chaque fleur s'évapore ainsi qu'un encensoir;
        Le violon frémit comme un coeur qu'on afflige;
        Valse mélancolique et langoureux vertige!
8   Le ciel est triste et beau comme un grand reposoir.

        Le violon frémit comme un coeur qu'on afflige;
        Un coeur tendre, qui hait le néant vaste et noir!
        Le ciel est triste et beau comme un grand reposoir;
12   Le soleil s'est noyé dans son sang qui se fige.

        Un coeur tendre, qui hait le néant vaste et noir,
        Du passé lumineux recueille tout vestige!
        Le soleil s'est noyé dans son sang qui se fige. . .
16   Ton souvenir en moi luit comme un ostensoir!

                           Charles Baudelaire (1821-67)

Commentaire

    «Harmonie du soir» de Charles Baudelaire fait partie de son recueil de poèmes, *Les Fleurs du mal*, publié en 1857. C'est un poème dans lequel le poète recrée un moment du soir plein de tristesse et de beauté. Ainsi, dans ces quatre strophes Baudelaire associe sa propre souffrance à une évocation mystique du soir. Après avoir déterminé le genre du poème, la situation discursive et les principes qui l'organisent, nous examinerons la musicalité du poème et ensuite son atmosphère nostalgique et mystique.

    Ce poème est un pantoum, genre de poème où les vers 2 et 4 deviennent les vers 1 et 3 du quatrain suivant; la rime est embrassée (abba). Cette répétition de vers identiques structure la progression du poème, et, par la reprise de formules quasi magiques, produit un effet incantatoire. Les quatre strophes sont composées d'alexandrins. Baudelaire suit la tradition classique en pratiquant l'alternance des rimes masculines et féminines. Les rimes en -oir [waR] sont riches; les rimes en -ige [iʒ] sont suffisantes—sauf dans la première strophe où la rime «tige» / «vertige» est riche.

La voix reste impersonnelle à travers les 15 premiers vers; ce n'est que dans le dernier vers que se révèle le *je* qui parle. On devine en même temps par l'emploi de l'adjectif possessif que la destinataire est une femme: «Ton souvenir en moi luit comme un ostensoir». C'est une méditation tranquille, mais troublée, dressée devant une nuit «tendre» et le doux souvenir d'une femme aimée.

Divisé en quatre strophes, le poème présente un mouvement circulaire basé sur des répétitions et sur la reprise de certaines images. Le dernier vers termine le poème sur une note dramatique en opposant aux sentiments d'angoisse un contrepoint rassurant: le motif du souvenir et la présence lumineuse de la femme aimée. Les strophes sont autonomes, mais liées étroitement par la structure du pantoum et de ses répétitions. La première strophe évoque la sensualité du soir et un ton de tristesse à travers les motifs de la fleur et de la valse. Dans la deuxième strophe au mouvement de la «valse mélancolique» et aux parfums des fleurs (répétés aux vers 1 et 3) est ajoutée la tristesse du violon qui «frémit comme un coeur qu'on afflige» (v. 6) et du ciel «triste et beau comme un grand reposoir» (v. 8). Avec la troisième strophe la tonalité de tristesse se transforme en véritable angoisse lorsque s'ajoutent deux motifs nouveaux, «le néant vaste et noir» (v. 10) et «le soleil (qui) s'est noyé dans son sang qui se fige» (v. 12). Enfin, la strophe finale reprend les éléments tragiques et noirs (vv. 13 et 15), mais leur oppose l'image rassurante de la lumière (v. 14) et du souvenir de la femme aimée (v. 16). Ainsi, à travers tout le poème le pantoum fonctionne comme un procédé structural reliant dans chaque strophe les motifs et la tonalité de la strophe précédente aux nouveaux éléments qui se manifestent.

La Musicalité du poème

L'aspect le plus important de ce genre de poème, le pantoum, est la reprise de certains mots. Cette forme incantatoire a un effet hypnotique qui fait appel dans ce poème au rituel d'une nature occulte et magique. La répétition des vers unifie le poème et établit un rythme ensorcelant qui souligne ainsi la fascination obsessionnelle du souvenir qui hante le poète.

Les alexandrins sont réguliers ayant une césure après la sixième syllabe. La coupe régulière établit un rythme d'incantation, mettant en valeur les mots—surtout des verbes—placés juste avant (e.g. «s'évapore»—v. 2) ou après («tournent»—v. 3) la césure. Le rythme du premier vers (4 + 2 // 3 + 3) fait ressortir la mesure de 2 syllabes au milieu du vers soulignant ainsi dès le premier vers le motif du «temps». Dans le quatrième vers le rythme du premier hémistiche (1 + 5 // 4 + 2) met en valeur le mot «valse».

Moins sensible dans les deux premières strophes, le rythme ternaire augmente dans les deux dernières strophes et devient le rythme métrique de base. Ce rythme est composé de mesures de trois syllabes (3 + 3 // 3 + 3): «Le so**leil**/ s'est no**yé** // dans son **sang**/ qui se **fige**» (v. 12), berçant les vers et mimant ainsi le mouvement harmonieux d'une valse. Prenons comme exemple la dernière strophe où cinq hémistiches sur huit sont composés de mesures de trois syllabes.

> Un coeur **ten**/dre qui **hait** // le né**ant**/ vaste et **noir**,
> Du pas**sé**/ lumi**neux** // re**cuei**/lle tout ves**tige**!
> Le so**leil**/ s'est no**yé** // dans son **sang**/ qui se **fige**. . .
> Ton souve**nir**/ en **moi** // **luit**/ comme un osten**soir**!

Lorsque le rythme dévie du ternaire, la variation même met certains mots en relief. Ainsi, dans cette strophe finale, le rythme fait ressortir le thème du recueillement hanté par le souvenir. Un rythme binaire (2 + 4) au vers 14 met l'accent sur la deuxième syllabe de «re/cuei/lle»; l'autre rythme similaire (4 + 2) met l'accent sur la dernière syllabe de «sou/ve/nir» au vers 16. Dans le vers final l'emplacement irrégulier des accents (4 + 2 // 1 + 5) par rapport au rythme ternaire dominant ralentit la lecture du verbe «luit» qui se trouve après la césure: «Ton/ sou/ve/nir/ en/ moi // **luit**/ com/me u/n os/ten/soir!» Il s'agit ici de la mise en relief de l'élément de lumière qui triomphe à la fin du poème.

Les quatre strophes du poème sont une harmonie de sons qui se répètent et qui tissent à travers les vers leur propre mélodie envoûtante. Dans le premier vers, la voyelle antérieure [*i*] par sa sonorité aiguë introduit une atmosphère tendue: «Voici venir les temps où vibrant sur sa tige». L'allitération de la consonne fricative [*v*] dans ce vers semble renforcer l'évocation de vibrations et trouve un écho dans le quatrième vers qui commence par le mot «*v*alse» et se termine par le mot «*v*ertige». Dans les deuxième et troisième strophes les consonnes fricatives [*v*] et [*f*] vibrent toujours dans le vers: «Le *v*iolon *f*rémit comme un coeur qu'on a*ff*lige» (vv. 6 et 9). L'allitération des liquides [*l*] et [*ʀ*] dans le vers, «Va*l*se mé*l*anco*l*ique et *l*angou*r*eux *v*e*r*tige» (vv. 4 et 7) imite le mouvement fluide et musical de la valse. Il faut noter aussi qu'il n'y a que deux rimes, l'une comprenant une voyelle ouverte (-oir) et l'autre une voyelle fermée (-ige). Dans la dernière strophe un ton angoissé est renforcé par l'allitération de la consonne spirante [*s*] surtout dans l'avant-dernier vers: «Le *s*oleil *s*'est noyé dans *s*on *s*ang qui *s*e fige». L'apaisement rassurant du dernier vers est soutenu par les consonnes labiales [*m*] et les voyelles nasales [*õ*], [*ã*], [*ɛ̃*]: «*T*on souvenir *en m*oi luit *comme un* os*t*ensoir». Et, ainsi, on trouverait en examinant chaque vers une véritable symphonie de voyelles et consonnes créant leurs propres figures phoniques dans l'espace du texte.

L'Atmosphère nostalgique et mystique

C'est par l'association de quatre champs lexicaux que le poète crée des correspondances entre les sensations, entre l'atmosphère du soir et l'état d'âme du *je* qui parle, entre le monde terrestre et le monde céleste. D'abord, un vocabulaire évoquant la participation des sens parcourt le poème: des allusions olfactives: «fleur» (vv. 2 et 5), «encensoir» (vv. 2 et 5), «parfums» (v. 3); des allusions auditives: «les sons» (v. 3), «valse mélancolique» (vv. 4 et 7), «violon» (vv. 6 et 9); et des images visuelles: l'encensoir (vv. 2 et 5), le reposoir (vv. 8 et 11), l'ostensoir (v. 16) et l'image de la noyade du soleil dans son propre sang (vv. 12 et 15). Un vocabulaire amoureux évoque le souvenir d'une femme—le «coeur» (vv. 6, 9, 10, 13). La nature constitue un autre champ lexical: le soir, la fleur, le ciel, le soleil. Baudelaire compare la nature à des symboles religieux pour décrire l'atmosphère du soir; le champ lexical de la religion constitue donc le dernier champ lexical et celui qui est le plus important— l'encensoir, le reposoir, et l'ostensoir, et la formule biblique qui ouvre le poème, «Voici venir les temps» (v.1).

Le champ lexical le plus évocateur, celui de la religion, apparaît trois fois en forme de comparaisons. En effet, la comparaison est la figure principale, un trope qui opère des correspondances entre des champs lexicaux différents sans vraiment les fusionner. Trois comparants appartiennent au domaine religieux: «encensoir» (vv. 2 et 5), «reposoir» (vv. 8 et 11), «ostensoir» (v. 16); ils font le lien entre le plan terrestre et le plan religieux.

Le poème commence par l'avènement d'un certain moment du soir où les odeurs florales parfument l'air tout comme l'encens d'un encensoir parfume une église. L'encens est utilisé par diverses religions pour élever la prière vers le ciel et associer le fini à l'infini (Chevalier et Gheerbrant: 403). Donc l'encensoir, associé à la fleur, symbolise le rôle intermédiaire de la nature entre la personne observatrice et le monde spirituel, du fini à l'infini. «L'air» (v. 3), mentionné dans le deuxième hémistiche de ce vers, peut symboliser la spiritualisation et être associé au vent (Chevalier et Gheerbrant: 19). Une telle interprétation s'intègre bien dans cette strophe qui contient une forte allitération des consonnes fricatives [f] et [v], «Voici venir les temps où, vibrant sur sa tige, / Chaque fleur s'évapore . . .» (vv. 1-2), qui crée l'effet du souffle du vent. L'air est le milieu propre des parfums. L'arôme des parfums qu'on sent dans l'air rappelle le souvenir de l'objet qui émettait le parfum. On a donc un sens de la présence spirituelle de l'objet en question. Les «parfums» (v. 3), souvent d'ailleurs évocateurs de souvenirs, font partie des rapports établis à travers le poème entre le fini et l'infini.

Le reposoir (v. 8), la seconde image religieuse, est traditionnellement un autel décoré de fleurs où on garde le Saint-Sacrement et où on s'arrête pour prier pendant une célébration religieuse, surtout le Jeudi Saint. Le poète compare le ciel «triste et beau» (la tristesse du ciel est un hypallage!) au reposoir évoquant ainsi par cette alliance de mots l'émotion de tristesse connotée par le rappel de la mort du Christ et toute la beauté des décorations florales. Ce parallélisme entre la nature et la religion fait penser au poème de Baudelaire intitulé «Correspondances» (*Fleurs du mal*) qui commence en déclarant: «La Nature est un temple . . .» Ajoutons ici que la souffrance et une tonalité de tristesse, d'angoisse même, sont renforcées à travers les strophes par la présence des voyelles aigües comme [i] et [e].

Le troisième symbole religieux, qui surgit dans le dernier vers, l'ostensoir, incorpore les thèmes de la mort et de la résurrection, une connotation double présente dans tous les symboles religieux du poème. L'or qui irradie de la partie ronde de l'ostensoir qui contient l'hostie consacrée semble rayonner comme un soleil. Cette image est reliée à la personnification du soleil qui «s'est noyé dans son sang qui se fige» du vers précédent (v. 15). On pense à la consécration de l'hostie et du vin lorsque le prêtre les élève devant lui: élevée par-dessus le vin, l'hostie ronde ressemble à l'image du soleil qui se couche dans le sang. Une autre interprétation pour l'ostensoir a plutôt à faire avec le sens littéral du poème. Dans ce dernier vers le poète utilise la figure de l'apostrophe pour s'adresser à quelqu'un («ton»), probablement à une bien-aimée qui est maintenant partie. Le poète contient la mémoire de la femme tout comme l'ostensoir contient l'hostie (vestige du Christ absent); et du poète luit son souvenir tout comme de l'ostensoir rayonne l'hostie. En effet, le poète lui-même est éclairé par ce «recueillement» des vestiges du passé lumineux (v. 14). Le thème de la mort et de la résurrection se manifeste dans cette strophe finale. Le coeur assure la circulation du sang. Et c'est le comparant «un coeur tendre» (v. 10) qui est le sujet des vers qui déclarent comment ce coeur «hait le néant vaste et noir» (v. 13), mais vainc l'obscurité du néant par la récupération du passé. Ceci fait non seulement penser à l'histoire de la résurrection du Christ qui vainc la mort mais aussi aux mythes anciens, comme, par exemple, le mythe égyptien d'Isis qui recueille toutes les parties du corps de son mari Osiris, les rassemble, et ressuscite son mari. Les deux derniers vers juxtaposent cette image double de la mort et de la résurrection. Le soleil se noye dans son propre sang qui cesse de circuler et se refroidit, «se fige». Le temps qui passe après cette mort se démontre dans la ponctuation: «. . .» (v. 15). Plus tard, le souvenir «en moi luit comme un ostensoir» (v. 16); donc, bien que le soleil soit mort, sa lumière rayonne—tout comme le souvenir de la femme absente— dans le souvenir ressuscité et immortel du poète.

* * *

«Harmonie du soir» est comme une valse (v. 4) où les danseurs, hypnotisés par la musique et par le mouvement rotatoire, s'entrelacent pour mieux entrer dans le mouvement. Le temps est traditionnellement symbolisé par un mouvement circulaire. Baudelaire isole un certain moment du soir qui est en attente. Il montre cette harmonie du soir dans le pantoum avec la versification, le rythme, les procédés sonores, et le symbolisme qui s'entremêlent et se confondent tout comme les danseurs d'une valse. Ce tissage poétique comprend plusieurs niveaux de symbolisme et d'interprétation textuelle. Le poème est à la fois la reproduction de l'harmonie magique d'un moment du soir et une allégorie de la mémoire et de la perte de la bien-aimée. Les fleurs, symboles de l'amour et de l'harmonie, diffusent leurs parfums intoxiquants «ainsi qu'un encensoir», et l'atmosphère mystique ressuscite dans le poète le souvenir nostalgique d'un amour et d'un temps à jamais perdu, un temps primitif et édénique.

Caroline Tolton
(étudiante de 2ème année, premier cycle)

Texte 5

Le Jardin

Des milliers et des milliers d'années
Ne sauraient suffire
Pour dire
La petite seconde d'éternité
5   Où tu m'as embrassé
Où je t'ai embrassée
Un matin dans la lumière de l'hiver
Au parc Montsouris à Paris
À Paris
10   Sur la terre
La terre qui est un astre

Jacques Prévert (1900-77)

Analyse

Jacques Prévert, poète humoristique et sentimental, a subi l'influence des surréalistes et en a retenu une vive appréciation pour le quotidien, les choses et les êtres qui l'entouraient. C'est ainsi qu'il célèbre dans ce poème un plaisir tout simple en l'agrandissant par le charme de sa poésie. «Le Jardin» figure dans son recueil de poèmes intitulé *Paroles* (1946). Le titre du poème évoque soit la tradition du jardin biblique où ont lieu des événements éternellement significatifs, soit la tradition du jardin de la poésie pastorale (le *locus amoenus*) où règne la beauté d'un cadre naturel et où peut s'exprimer un amour simple et sincère. Jacques Prévert réussit ici à mêler ces deux traditions pour créer un jardin original et moderne.

Dans ce poème de onze vers, le locuteur / poète s'adresse à une certaine femme («tu» dans le vers 5) d'un événement pour lui (pour eux?) très spécial, le moment où elle et lui se sont embrassés un matin d'hiver dans le parc Montsouris à Paris. Quant à la forme du poème, on doit noter d'abord que les onze vers sont centrés sur la page, ce qui suggère tout de suite la centralité de ce baiser parmi ses souvenirs et dans sa vie. Sans ponctuation, avec des vers qui varient en longueur (de deux syllabes jusqu'à onze syllabes), le poème n'est en réalité qu'une seule longue phrase. Les idées et les images du poème coulent aussi librement que ses vers libres, sans même la clôture offerte d'ordinaire par un point final à la fin du dernier vers. Le souvenir de ce moment ne va s'arrêter ni là ni ailleurs.

Les quatre premiers vers forment la proposition principale de la phrase, suivie des sept autres vers dans la forme grammaticale de deux propositions subordonnées de lieu. Le poète commence avec une répétition, «Des milliers et des milliers d'années», comme sujet de la phrase. Ce vers de onze syllabes, le premier des sept vers de rythme impair qui dominent le poème (vv. 1, 2, 4, 7, 9, 10, 11), exprime une durée de temps inestimable, ce qui est souligné deux fois par la diérèse, «milli / ers». Ce choix de mots souligne l'insuffisance de n'importe quelle durée infinie éventuellement proposée pour mesurer l'importance de ce moment de sa vie, tellement ce moment rapide lui semble l'équivalent de l'éternité. Les trois premiers vers deviennent progressivement plus courts (11 syllabes, 5 syllabes et 2 syllabes) avant d'arriver à l'expression plus langoureuse et plus importante qui résume le moment comme interprété par le poète, «La petite seconde d'éternité» un vers de 11 syllabes. En route, l'expression négative «ne sauraient suffire» (v. 2) sert à mettre en relief l'impossibilité de trouver des mots pour décrire suffisamment ce moment. Mais quel moment?

Les deux vers de six syllabes qui suivent présentent deux fois dans un parallélisme embelli de l'emploi d'une anaphore (la conjonction «où») l'événement lui-même, un baiser inoubliable: «Où tu m'as embrassé / Où je t'ai embrassée». En effet, il semble qu'il y ait eu deux baisers, celui qu'a donné la femme, suivi de celui qu'a offert le poète. Ou est-ce qu'il ne s'agit que d'un seul baiser réciproque, ce qui est suggéré par la rapidité du moment? Peu importe. L'effet d'épiphanie ne diminue pas.

Les prochains vers délimitent le moment et le lieu de ce petit épisode. Dans un vers de onze syllabes, «Un matin dans la lumière de l'hiver», le poète identifie la saison et (approximativement) l'heure du baiser. Ce vers nous rappelle les deux autres de la même longueur faisant allusion au temps (vv. 1 et 4), d'abord, celui qui introduit le poème en invoquant l'éternité: «Des milliers et des milliers d'années», et, ensuite, celui qui a succinctement résumé l'incident: «La petite seconde d'éternité». Dans les trois vers qui suivent, le poète partage avec la destinataire du poème des précisions concernant l'endroit où ils s'étaient embrassés. C'était au parc Montsouris à Paris. En répétant l'expression «à Paris» le poète accentue la réalité d'un lieu concret exact désigné par des noms propres.

Mais dans les deux derniers vers, le baiser perd toute banalité éventuelle et atteint un niveau plus élevé, plus élargi, plus universel. Car le poète ajoute dans un simple vers de trois syllabes la notion inutile (semble-t-il) que ce parc parisien se trouve «sur la terre» avant de terminer le poème avec la déclaration «La terre qui est un astre», sept syllabes qui fournissent le dernier vers du rythme impair qui était si cher à Verlaine, selon lequel un tel vers devient «plus vague et plus soluble dans l'air». Le vers contient la seule métaphore du poème, la notion que la terre est un astre. Tout le monde sait que la terre n'est pas un astre, mais une planète.

Mais la mention du rapport avec une étoile ramène la destinataire (et le lecteur) au début du poème et aux distances immenses de l'univers astronomique. Donc le poème possède finalement une structure circulaire. En même temps, la métaphore introduit implicitement le thème de l'astrologie avec la suggestion que les partenaires qui se sont embrassés sont liés à une destinée elle-même liée aux étoiles. Sont-ils si loin de Roméo et de Juliette? Avec cette métaphore, l'amour du poème cesse d'être terrestre. Un baiser inoubliable, un moment qui peut être globalement reconnu comme irremplaçable, dépasse ainsi les frontières définissables de l'universel pour atteindre un niveau supérieur, celui de l'infini et de l'éternel. Telle est la force de cette métaphore astronomique/astrologique finale de Prévert.

Outre cette métaphore, quels sont les autres outils poétiques employés par le poète pour exprimer son thème principal, la puissance d'un amour inoubliable et invincible? Il y a surtout l'impression d'un monde concret, solide, et précis établi à travers un petit réseau de substantifs concrets («matin», «lumière», «hiver», «terre», «astre») et de noms propres («parc Montsouris», «Paris»). Un réseau parallèle de noms abstraits («années», «seconde», «éternité») rappelle la résonance sans fin du choc du baiser. Trois niveaux temporels sont exprimés grâce à l'emploi discret de trois temps de verbe: «tu m'as embrassé», «je t'ai embrassée» (le passé composé); la terre «est» un astre (le présent); des milliers d'années «ne sauraient suffire» (le futur exprimé par un conditionnel— au négatif). Un monde concret est donc rendu plus vraisemblable par son existence à trois niveaux chronologiques.

Une musicalité dans la rime et dans le rythme s'accorde avec la beauté de l'expérience décrite. La rime, peu attendue dans un petit poème de cette période moderne, est assez bien disciplinée. Une rime embrassée (abba) est suivie d'une rime plate (cc.) Les deux vers de la rime plate sont ceux qui commencent avec l'anaphore «où» et qui forment une rime qui aurait été inacceptable chez les poètes classiques qui ne reconnaissaient pas une rime d'un mot avec lui-même. Ici la rime d' «embrassé» et «embrassée» est assez amusante. Cette rime est suivie d'une rime embrassée (deed) peu orthodoxe, elle aussi, quand on considère que Prévert fait rimer «hiver» avec «terre» (!!) et «Paris» avec «Paris» (!!) ... Le vers final reste tout seul, sans partenaire, le mot *astre* aussi solitaire qu'évocatif—unique dans son isolement. Evidemment aucune question de rimes riches dans un poème qui joue avec les limites de la rime admissible.

Le rythme met en relief certains substantifs sur lesquels tombe l'accent: «seconde», «matin», «lumière», «Montsouris», «terre». D'ailleurs, le retour du son aigu de la voyelle [i] dans les premiers vers («milliers», «milliers»,

«suffire», «dire», «éternité») fait contraste avec la douceur du vers privilégié
«Un matin dans la lumière de l'hiver» où deux voyelles nasalisées sont
suivies de deux mots qui se terminent avec des [ɛ] légèrement allongés,
«lumière» et «l'hiver». Dans les derniers vers, les sons offrent des échos
des deux tendances, avec un retour des mots en [i] («Montsouris», «Paris»)
et de la rime avec «lumière» («terre»). Donc la circularité du poème est
même complète sur le plan sonore. La rime et le rythme et la sonorité
sont, bien sûr, aussi originaux et ludiques que le concept farfelu de
l'immense importance personnelle de ce petit moment autrement banal
qu'est un baiser dans un jardin public.

* * *

Jacques Prévert offre donc à sa destinataire un rappel de leur baiser
ardent dans un jardin urbain populaire. Il aborde ainsi la convention
littéraire du bel amour éprouvé / exprimé dans un beau lieu pastoral.
Mais en même temps il évoque dans son souvenir toute une notion de la
prédestination et de l'infini, et rend le baiser rappelé aussi puissant et
éternel que la première rencontre d'Adam et d'Eve dans un autre jardin
bien connu. Dans un poème lyrique de onze vers fort économes le pastoral rencontre le biblique, l'astronomie rencontre l'astrologie, et le
traditionnel rencontre le ludique. Un baiser banal devient unique, rendu
immortel dans un poème qui, en fin de compte, à travers son lexique, sa
syntaxe, ses rimes, son rythme, sa sonorité et sa seule métaphore-clef,
résume—et peut-être définit—le moderne. Le lecteur dit merci.

Jan Chan
(étudiante de 3ème année, premier cycle)

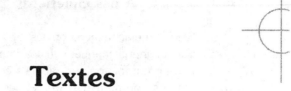

Chapitre X

Textes

À des cimetières

Séjour mélancolique, où les ombres dolentes
Se plaignent chaque nuit de leur adversité
Et murmurant toujours de la nécessité
Qui les contraint d'errer par les tombes relantes.

5   Ossements entassés, et vous pierres parlantes
Qui conservez les noms à la postérité,
Représentant la vie et sa fragilité
Pour censurer l'orgueil des âmes innocentes.

Tombeaux, pâles témoins de la rigueur du Sort
10   Où je viens en secret entretenir la mort
D'une amour que je vois si mal récompensée.

Vous donnez de la crainte et de l'horreur à tous;
Mais le plus doux objet qui s'offre à ma pensée
Est beaucoup plus funeste et plus triste que vous.

François Tristan L'Hermite, Les Amours (1638)

Le Cerf se voyant dans l'eau

Dans le cristal d'une fontaine
Un Cerf se mirant autrefois
Louait la beauté de son bois,
Et ne pouvait qu'avecque peine
5   Souffrir ses jambes de fuseaux,
Dont il voyait l'objet se perdre dans les eaux.
Quelle proportion de mes pieds à ma tête!
Disait-il en voyant leur ombre avec douleur:
Des taillis les plus hauts mon front atteint le faîte;
10   Mes pieds ne me font point d'honneur.
        Tout en parlant de la sorte,
        Un Limier le fait partir;
        Il tâche à se garantir;
        Dans les forêts il s'emporte.
15   Son bois, dommageable ornement,
L'arrêtant à chaque moment,
Nuit à l'office que lui rendent
Ses pieds, de qui ses jours dépendent.
Il se dédit alors, et maudit les présents
20   Que le Ciel lui fait tous les ans.
Nous faisons cas du Beau, nous méprisons l'Utile;
        Et le Beau souvent nous détruit.
Ce Cerf blâme ses pieds qui le rendent agile;
        Il estime un bois qui lui nuit.

Jean de La Fontaine, *Fables* (1668)

Le Mendiant

Un pauvre homme passait dans le givre et le vent.
Je cognai sur ma vitre; il s'arrêta devant
Ma porte, que j'ouvris d'une façon civile.
Les ânes revenaient du marché de la ville,
5   Portant les paysans accroupis sur leurs bâts.
C'était le vieux qui vit dans une niche au bas
De la montée, et rêve, attendant, solitaire,
Un rayon du ciel triste, un liard de la terre,
Tendant les mains pour l'homme et les joignant pour Dieu.
10   Je lui criai: «Venez vous réchauffer un peu.
Comment vous nommez-vous?» Il me dit: «Je me nomme
Le pauvre». Je lui pris la main. «Entrez, brave homme».
Et je lui fis donner une jatte de lait.
Le vieillard grelottait de froid; il me parlait,
15   Et je lui répondais, pensif et sans l'entendre.
«Vos habits sont mouillés, dis-je, il faut les étendre
Devant la cheminée». Il s'approcha du feu.
Son manteau, tout mangé des vers, et jadis bleu,
Étalé largement sur la chaude fournaise,
20   Piqué de mille trous par la lueur de braise,
Couvrait l'âtre, et semblait un ciel noir étoilé.
Et, pendant qu'il séchait ce haillon désolé
D'où ruisselaient la pluie et l'eau des fondrières,
Je songeais que cet homme était plein de prières,
25   Et je regardais, sourd à ce que nous disions,
Sa bure où je voyais des constellations.

Victor Hugo, *Les Contemplations* (1856)

La Musique

La musique souvent me prend comme une mer!
    Vers ma pâle étoile,
Sous un plafond de brume ou dans un vaste éther,
    Je mets à la voile;

5   La poitrine en avant et les poumons gonflés
    Comme de la toile,
J'escalade le dos des flots amoncelés
    Que la nuit me voile;

Je sens vibrer en moi toutes les passions
10   D'un vaisseau qui souffre;
Le bon vent, la tempête et ses convulsions

    Sur l'immense gouffre
Me bercent. D'autres fois, calme plat, grand miroir
    De mon désespoir!

Charles Baudelaire, *Les Fleurs du mal* (1857)

Devant deux portraits de ma mère

Ma mère, que je l'aime en ce portrait ancien,
Peint aux jours glorieux qu'elle était jeune fille,
Le front couleur de lys et le regard qui brille
Comme un éblouissant miroir vénétien!

5   Ma mère que voici n'est plus du tout la même;
Les rides ont creusé le beau marbre frontal;
Elle a perdu l'éclat du temps sentimental
Où son hymen chanta comme un rose poème.

Aujourd'hui je compare, et j'en suis triste aussi,
10   Ce front nimbé de joie et ce front de souci,
Soleil d'or, brouillard dense au couchant des années.

Mais, mystère de coeur qui ne peut s'éclairer!
Comment puis-je sourire à ces lèvres fanées?
Au portrait qui sourit, comment puis-je pleurer?

Emile Nelligan, *Poésies complètes* (1896-99)

Automne malade

Automne malade et adoré
Tu mourras quand l'ouragan soufflera dans les roseraies
Quand il aura neigé dans les vergers

Pauvre automne
5   Meurs en blancheur et en richesse
De neige et de fruits mûrs
Au fond du ciel
Des éperviers planent
Sur les nixes nicettes aux cheveux verts et naines
10   Qui n'ont jamais aimé

Aux lisières lointaines
Les cerfs ont bramé

Et que j'aime ô saison que j'aime tes rumeurs
Les fruits tombant sans qu'on les cueille
15   Le vent et la forêt qui pleurent
Toutes leurs larmes en automne feuille à feuille
                    Les feuilles
                    Qu'on foule
                    Un train
20   Qui roule
                    La vie
                    S'écoule

Guillaume Apollinaire, *Alcools* (1913)

L'Abeille

Quelle, et si fine, et si mortelle,
Que soit ta pointe, blonde abeille,
Je n'ai, sur ma tendre corbeille,
Jeté qu'un songe de dentelle.

5   Pique du sein la gourde belle,
Sur qui l'Amour meurt ou sommeille,
Qu'un peu de moi-même vermeille
Vienne à la chair ronde et rebelle!

J'ai grand besoin d'un prompt tourment:
10   Un mal vif et bien terminé
Vaut mieux qu'un supplice dormant!

Soit donc mon sens illuminé
Par cette infime alerte d'or
Sans qui l'Amour meurt ou s'endort!

Paul Valéry, *Charmes* (1922)

J'ai tracé dans ma vie un grand canal

À force de peines, de vaines montées, à force d'être rejeté du dehors, des dehors que je m'étais promis d'atteindre, à force de débouler
d'un peu partout, j'ai tracé dans ma vie un canal profond.

J'y retombe plutôt que je ne le retrouve. Maintenant il m'émeut. Il en
est venu à m'émouvoir quoiqu'il ne m'éclaire, ni ne m'aide, ni ne me
satisfasse. Loin de là, il me rappelle plutôt l'authentique limite qu'il ne
m'est pas donné de franchir, sauf par instants. Ainsi par son durable *je
ne sais quoi*, il me confirme dans une continuité que je n'eusse jamais
espérée, que je suis seul à me connaître et que je n'apprécie point.

J'y vogue à la dérobée.

Henri Michaux, *Épreuves, exorcismes* (1945)

Saison âpre

Cercle après cercle
quand les déserts nous auront un à un tendu tous leurs
miroirs
vainement les nuits ayant sur la tiédeur des terres étiré
5   leur cou de chameau fatigué
les jours repartiront sans fantôme à la poursuite de purs
lacs non éphémères
et les nuits au sortir les croiseront titubants
d'un rêve long absurde de graminées

10   Esprit sauvage cheval de la tornade
gueule ouverte dans ta suprême crinière
en moi tu henniras cette heure

Alors vent âpre et des jours blancs seul juge
au noir roc intime sans strie et sans noyau
15   jugeant selon l'ongle de l'éclair en ma poitrine profonde
tu me pèseras gardien du mot cloué par précepte

Aimé Césaire, *Ferrements* (1960)

La Route

Si le soleil existe je suis son ombre
Son creux sur la terre
Qui tourne autour de moi, la bien-aimée
Je prends le vide dans mes bras
5 Et c'est l'eau qui coule un glissement de pétales
Ces arbres plus loin
Je commence en dehors
Le cri de l'oiseau est l'espace
Ah! d'exister absent
10 Et coucher sur la toile
Son corps de désir
À l'intérieur de la vue

Heather Dohollau, *matière de lumière* (1985)

Le Tamis du temps

Entremêlés d'enfants
Hommes et femmes tombaient
Tombaient comme on respire
À travers le tamis du temps

5   Bientôt apparus
Bientôt disparus
Ils déroulaient leur vie
Sur les tréteaux du monde
Puis roulaient vers le vide
10   En milliards de façons

Tout cela inéluctable
Rapide comme un galop
Étriqué et grandiose
Négligeable et sublime
15   À ras de cendres
À hauteur de visions.

Andrée Chedid, *Par delà les mots* (1995)

Quête de corps et de mots

      le moment réjoui
      il y aura des échanges
      oh! combien inégalitaires
      à toi ta différence
5   cela que je préfère
      ton irréductible errance
      ta singularité
      notre fête multiple

      depuis mon langage jusqu'à ton corps
10   les signes déchiffrés à moitié
      laisse-moi aller
      j'en ferai autant
      les paillettes de l'oeil et de la voix
      laisse-moi m'en aller l'étrangère
15   je reviendrai encore du vide inestimable
      nous sommes dissemblables
      entre le réel et l'imaginaire
      ton étrangeté m'apparaîtra
      comme l'arrachement d'un sol

France Théoret, *Une Mouche au fond de l'oeil* (1998)

Chapitre XI

Réponses
aux exercices

Chapitre I

1. Le thème dominant est la mort imminente; le sentiment dominant est de désespoir. C'est par des allusions précises au temps («depuis dix huit mois»—vv. 1 et 3) que commence le poème. Les connotations du verbe «sonne» renforcent la notion de la mort qui le poursuit inlassablement; on pense à l'horloge qui sonne les heures et aux cloches d'église qui sonnent le glas pour annoncer la mort. Le poème termine sur un vers sans espoir: «Mon courage éteint chancelle et s'abat».

2. Le thème principal du poème est la description d'un homme pauvre assis dans un bar. Ces vers nous le présentent à travers le regard sympathique et respectueux d'un observateur («*Il* aperçut un homme qui *le* regardait»—v. 9) lui aussi assis dans le bar. La description commence en utilisant un vocabulaire dénotatif sans émotion; les trois adjectifs du vers 11 («ivre», «vieux», «laid») restent objectifs.

   Le sentiment dominant d'une sympathie respectueuse et presqu'admirative se révèle dans la deuxième strophe par des mots qui expriment un point de vue plus subjectif. Les connotations affectives se traduisent par un vocabulaire mélioratif («soyeuse», «caché», «recherché»). L'observateur entoure la figure de cet homme d'un halo de respect: «un aspect digne». Le portrait d'un homme digne d'admiration n'est que rehaussé par le contraste introduit dans le dernier vers où surgissent des mots plutôt péjoratifs: «son habit sale et sa cravate croche».

3. Le destinateur est un mort enterré dans son tombeau. Le destinataire est une personne qui passe devant le tombeau.

4. Le locuteur est un amant et sa destinataire est la jeune femme qu'il aime. Cet homme froid et fatigué vient d'arriver dans la chambre d'une femme qui dort encore. Il lui apporte un cadeau: «des fruits, des fleurs, des feuilles et des branches» (v. 1); il lui apporte aussi son amour («voici mon coeur»—v. 2). C'est très tôt le matin; on note les allusions à la «rosée» (v. 5) et au «vent du matin» (v. 6).

5. a) Le locuteur parle à la première personne; le pronom *je* est repris cinq fois. Le destinataire est son frère, Gilles, mort en Sicile quand le locuteur n'avait que dix ans. Le temps de l'énonciation est un présent atemporel, mais le temps évoqué est dans le passé, «un matin d'été»; le lieu est indiqué avec plus de précision, «à Montréal».
   b) C'est une femme qui parle ici («ravie», «chère Amie»). Elle s'adresse à l'homme qu'elle aime.

6. Les déictiques spatiaux sont surtout des adjectifs démonstratifs: «cette grotte sombre», «ces flots», «ce gravier», et «ce vivier». Ils indiquent que le locuteur est situé dans un endroit où il peut les désigner avec précision. Les articles définis jouent le même rôle: «L'onde», «les cailloux», «la lumière» et «l'ombre».

7. Il s'agit du ton épique. Les indices sont: a) les verbes d'action—«Se battent», «roule», «trempe», «sifflant», «attaquant», «combattaient». b) la comparaison mythologique des vers 6-7. c) le champ lexical de la guerre.

8. Le thème principal du poème est le suivant: tant pis pour ceux qui n'aiment pas les chiens. Ce poème qui semble d'abord assez désorganisé parce qu'il n'a pas de ponctuation est pourtant organisé selon un ordre logique. L'argument est appuyé par de nombreuses répétitions de mots et de groupes de mots. Les dix premiers vers présentent le problème et le sentiment du locuteur. C'est un homme qui méprise ceux qui n'aiment pas les chiens et qui le montrent en ne les laissant pas entrer dans la maison.
   La deuxième partie du poème (vv. 10-14) commence à présenter l'argument contre ces gens qui ne veulent pas faire entrer les chiens couverts de boue. Le locuteur déclare, suivant son propre logique, que ces personnes ont tort parce qu'on peut laver les chiens et l'eau, mais on ne peut pas laver ceux qui n'aiment pas les chiens. Ici on commence à voir qu'il faut comprendre l'erreur de ceux qui n'aiment pas les chiens comme une sorte de boue sur leur âme, une faute ou une tache qu'on ne peut pas rendre propre. On ne peut pas les pardonner. «Tant pis»—c'est le titre du poème.

La troisième partie du poème présente sous un autre angle le même argument des vers 10-14. Ici le locuteur utilise le procédé de contraste pour prouver que le chien, la boue et l'eau sont propres, mais que ceux qui n'aiment pas les chiens «ne sont pas propres / Absolument pas». La fin est satisfaisante parce que le locuteur a gagné l'argument.

Chapitre II

1. a) Que ces vains ornements, que ces voiles me pès(ent)!
      Quell(e) importune main, en formant tous ces noeuds,
      A pris soin sur mon front d'assembler mes cheveux?
      Tout m'afflig(e) et me nuit, et conspir(e) à me nuir(e).
—Alexandrins

   b) Elle part comm(e) un dauphin.
      Comm(e) un dauphin elle saut(e),
      Elle plonge comme lui. (Alfred de Vigny)
—Vers de sept syllabes

   c) Le vent froid de la nuit souffl(e) à travers les branch(es)
      Et casse par moments les rameaux desséchés;
      La neige, sur la plain(e) où les morts sont couchés,
      Comm(e) un suair(e) étend au loin ses nappes blanch(es). (Leconte
         de Lisle)
—Alexandrins

   d) Ell(e) est debout sur mes paupièr(es)
      Et ses cheveux sont dans les miens,
      Ell(e) a la forme de mes mains,
      Ell(e) a la couleur de mes yeux,
      Elle s'engloutit dans mon ombr(e)
      Comm(e) une pierre sur le ciel. (Paul Eluard)
—Octosyllabes

2. a) Hom\me\, pour\quoi\ gé\mir\ de\vant\ la\ mort\ des\ feuilles
      Et\ de\ ce\ que\ ton\ pied\ mar\che en\ sa\ va\ni\té?
      Eh\ quoi\! N'as\-tu\ ja\mais\ son\gé\, quand\ tu\ les\ cueilles,
      Que\ le\ char\me\ des\ fleurs\, c'est\ leur\ fra\gi\li\té?

   b) Je\ m'ap\puie\rai\ si\ bien\ et\ si\ fort\ à\ la\ vie,
      D'u\ne\ si\ ru\de é\trein\te et\ d'un\ tel\ ser\re\ment

Qu'a\vant\ que\ la\ dou\ceur\ du\ jour\ me\ soit\ ra\vie
El\le\ s'é\chauf\fe\ra\ de\ mo\n en\la\ce\ment.

3. a) Passants, ayez quelque pi**tié**, — synérèse
   Qu'il vous sou**vien**ne une **prière**, — synérèse, diérèse
   Car pratiquait **bien** dur mé**tier** — synérèse, synérèse
   Le chiffon**nier** de nos misères. — synérèse

   b) Pleurant ma pre**miè**re misère. — synérèse
   Il était morne et sou**cieux**; — diérèse
   D'une main il montrait les **cieux**, — synérèse
   Et s'éva**nouit** comme un rêve. — diérèse

4.   Une montagne en mal d'enfant — octosyllabe, mètre pair
          Jetait une clameur si haute, — octosyllabe, mètre pair
          Que chacun, au bruit accourant, — octosyllabe, mètre pair
          Crut qu'elle accoucherait, sans faute, — octosyllabe, mètre pair
          D'une cité plus grosse que Paris: — décasyllabe, mètre pair
          Elle accoucha d'une souris. — octosyllabe, mètre pair
          Quand je songe à cette fable, — vers de sept syllabes, mètre
             impair
          Dont le récit est menteur — vers de sept syllabes, mètre impair
          Et le sens est véritable, — vers de sept syllabes, mètre impair
          Je me figure un auteur — vers de sept syllabes, mètre impair
          Qui dit: «Je chanterai la guerre — octosyllabe, mètre pair
   Que firent les Titans au maître du tonnerre». — alexandrin, mètre
      pair
   C'est promettre beaucoup: mais qu'en sort-il souvent? — alexandrin,
      mètre pair
          Du vent. — vers de deux syllabes, mètre pair

5. «pavoisés et fleuris (6 syllabes) comme des carrosses anciens (6 syllabes)
   ou de contes (3 syllabes), pleins d'enfants attifés (6 syllabes) pour une
   pastorale (6 syllabes) suburbaine (3 syllabes) . . . /filant au trot des
   grandes juments bleues et noires» (alexandrin).

Chapitre III

1. a) i) sang / puissant (M)   ii) algue / vague (F)
       iii) corps / dort (M)   iv) déplaire / légère (F)
        v) danger / loger (M)   vi) grippée / coupée (F)

b) Dans la première strophe, il n'y a pas d'alternance des rimes; toutes les rimes sont masculines. Dans la deuxième, il y a l'alternance d'une rime féminine («écharpe» / «harpe») et d'une rime masculine («plus» / «salut»).

2. a) i) drapeau / chapeau (R) ii) méritait / chérissait (P)
   iii) neveux / je veux (R)   iv) écriture / ouverture (R)
   v) loi / roi (S)   vi) volant / vent (P)

   b) «comparaison» / «ma raison»: Rime riche ayant 5 sons identiques [a, R, ɛ, z, õ]
   «trame» / «flamme»: Rime suffisante ayant 2 sons identiques [a, m]
   «trahison»/ «prison»: Rime riche ayant 3 sons identiques [i, z, õ]
   «madame» / «âme»: Rime suffisante ayant 2 sons identiques [a, m]
   «rabaisse» / «presse»: Rime suffisante ayant 2 sons identiques [ɛ, s]
   «liberté» / «arrêté»: Rime suffisante ayant 2 sons identiques [t, e]
   «ma vie» / «l'a ravie»: Rime riche ayant 3 sons identiques [a, v, i]

3. a) des rimes croisées
   b) Il y a des rimes croisées (abab) suivie d'une rime plate (cc), des rimes croisées (dede) et des rimes embrassées [fccf] qui reprennent (à peu près) la rime employée dans la rime plate des vers 5-6.

4. La disposition des rimes est très libre. Deux rimes (a, b) sont suivies de rimes croisées (cdcd). Les quatre derniers vers (baca) riment avec les rimes des vers 1 et 2 en ajoutant une rime utilisée dans les vers 3 et 5.

Chapitre IV
1. a) un pantoum b) un rondeau c) une épitaphe

2. a) un huitain b) un quintil, un tercet, un quintil c) un quintil

3. C'est un sonnet composé de 2 quatrains suivis de deux tercets. Les quatrains sont bâtis sur les mêmes rimes (abba) et les tercets se composent de trois rimes (ccd eed).

Chapitre V
1. Les noms propres font rêver aux longues distances parcourues par le locuteur. L'allusion à la Patagonie, répétée trois fois dans un très long vers, évoque un exotisme et une aspiration vers un inconnu qui ne sera jamais atteint.

2. L'orthographe de «vostre» est de «Maistre» est ancien. Le mot «maintes» (beaucoup de) est archaïque. Ces archaïsmes évoquent l'époque de François Villon (1431-?).

3. Un style nominal. Dans ces vers l'accumulation de substantifs renforce la notion que le locuteur se sent envahi et presque étouffé par la foule et par tous les objets et sensations sensorielles qu'on rencontre en marchant sur les trottoirs.

4. Les mots «tatran» et «toutance» sont des néologismes. Leur création est en partie un jeu qui apporte une note de fantaisie au poème. On pourrait aussi chercher un sens derrière ces inventions; ce serait peut-être l'impossibilité d'exprimer par les mots des émotions comme l'allégresse et la tristesse.

5. Le sujet, «la jeune Tarentine» qui normalement devrait introduire la phrase, est mis en apposition. C'est une mise en relief dramatique de la jeune femme morte. L'ordre normal des mots dans le dernier vers serait: «eut soin de le cacher aux monstres marins». Cette fois l'inversion fait précéder un élément; c'est une anticipation qui attire l'attention du lecteur sur cet élément rendant dramatique la présence de ces «monstres dévorants».

6. a) C'est la mer qui est le champ lexical. Les mots associés à la mer sont: «le marin», «le poisson», «l'eau», «la mer».

   b) Les deux champs lexicaux sont le paysage et l'affection pour cette terre. Les mots associés à cette affection pour le pays natal sont: «paternels», «natale», et «j'aime». Les mots associés au paysage sont: «charmilles», «pâturage», «eaux», «chèvre», «roseaux», et «terre».

7. Le thème principal est double: l'immoralité du racisme et de la bombe atomique.
   Les champs lexicaux dominants sont:
   — la mort: «mourir» (2 fois), «lapider».
   —la morale: «péché», « impiété», «morale» (2 fois), «atomes» et «atome» (2 fois).
   —la religion: «prions», «dieu», «péché», «oecumeniquement».
   —le racisme: «arabe», «nègre», «nippone».

Chapitre VI
1. a) une métaphore («temple») b) une périphrase («jus de la treille») c) un zeugme d) une hyperbole («mille») e) une synecdoque («une tête») f) une

comparaison («ainsi que des cigales») g) une métaphore («un paysage»)
h) une antithèse («morts »/ «vivants») i) une alliance de mots («une flamme
si noire») j) une synesthésie k) une comparaison («comme des oiseaux»)

2. a) Une synecdoque. Signifié: toi (la femme). Signifiant: tes yeux. Le
   rapport: inclusion (la partie pour le tout).

   b) Une comparaison. Comparé: l'enfant. Comparant: la nuit. Points
   de comparaison: obscurs, profonds, et vastes. Outil de comparaison:
   comme.

   c) Une comparaison. Comparé: toison. Comparant: un flocon d'écume.
   Points de comparaison: la légèreté, la blancheur. Outil de
   comparaison: comme.

   d) Deux métonymies. Signifiés: les habitants de Rome; les habitants
   de Paris. Signifiants: le Tibre, la Seine. Le rapport: contiguïté.

3. a) Le comparé (des gouttes de pluie) n'est pas présent. C'est une
   métaphore *in absentia*.

   b) Le comparé (les jeunes hommes) n'est pas présent. C'est une
   métaphore *in absentia*

   c) Le comparé (le passé) est présent. C'est une métaphore *in
   præsentia*.

4. La gradation: «Je vous le dis vous le crie vous le chante» (v. 1).
   La répétition: «mille» (vv. 5, 6, 9, 10)
   La métonymie: «la neige mortelle» (v. 2)
   La métaphore: «les fruits pour miroir» (v. 4)
   L' hyperbole: «J'ai mille amis»; «J'ai mille amours» (vv. 5 et 6)
   La synecdoque: «le coeur» (v. 6)
   L'anaphore: «Un rire» (vv. 2-3); «J'ai mille» (vv. 5-6); «Mille» (vv. 9-10)
   L'antithese: «mourir» / «vivre» (vv. 11-12)
   L'assonance: [u] —«vous», «vous», «court», «sous» (vv. 1-2)
   L'hypallage: «un sang rebelle» (v. 13)

Chapitre VII
1. Deux phonèmes: [u] et [õ].

2. Deux oscillations: «étoilé» et «en partance».
   Une rime intérieure: «j'ai» et «étoilé».

3. a) Les mots «pas» et «foulé» sont repris dans le deuxième vers par «font nos pas sur le pavé», un groupe de mots où se répètent les consonnes [p] et [f] et le mot «pas». Cette répétition renforce l'idée exprimée dans les vers où on parle d'un effet d'écho.

   b) Dans ces vers il y a des allitérations, surtout des consonnes [l] et [m]. Des assonances sont à noter aussi, surtout les [y] du premier vers et les rime intérieures—dans le deuxième vers («Miroir» / «gloires»/ «émoi») et dans le troisième vers («dort» / «mort»). Les deux derniers vers sont remplis d'assonances en [ɔ]. C'est un tour de force musical qui évoque un paysage tranquille et harmonieux; l'harmonie remarquable des phonèmes contribue à cette évocation.

   c) La répétition de la voyelle nasale [ã] sept fois dans ces vers mime le mouvement de l'animal qui bondit à travers champs.

4. a) La longueur de ces deux mots imite sur le plan linguistique la scène évoquée, ce mouvement lent qui s'étend jusqu'à l'horizon.

   b) Ces deux mots courts rehaussent l'urgence du message; il n'y a pas de temps à perdre.

5. a) Tout d'abord il y a des allitérations: trois consonnes semblables dans les mots «masques» et «musique» des vers 1 et 2; les [v] des vers 3 et 4 («venir», «veux», «vous»); les [m] des vers 5 et 6 («aimer», «mais», «aimer», «mon», «mal»). On trouve aussi quatre assonances en [i]: «silencieux», «musique» et «si» dans les vers 1 et 2; encore une autre dans le vers 3: «venir», et aussi «Oui» dans le vers 4; une rime intérieure est présente dans le vers 4: «veux» / «délicieux».

   b) Nous trouvons tout d'abord un jeu de mots sur le phonème [o] et l'eau qui est évoquée comme un champ lexical du poème. À trois reprises le mot «eau» se présente; ensuite au début des vers 3 et 5 on retrouve le phonème sous une autre forme: «au» et «ô». Une autre assonance est présente dans le vers 4 («où» et «trouble») et deux rimes intérieures se trouvent aux vers 3 («pied» / «rocher») et 4 («être» / «renaître»). Une allitération de la consonne [l] est à noter dans les deux premiers vers; dans les deux derniers les sonorités se répètent dans deux vers qui se ressemblent dans leur syntaxe et dans leurs phonèmes: «renaissant de la mort / renaissant de la mer».

Chapitre VIII

1. a)   C'est/ **l'heu**/re ex/**qui**/se et/ ma/ti/**nale**
               Que/ rou/**gi/t** un/ so/**leil**/ sou/**dain**
               A/ tra/**vers**/ la/ **bru**/me au/tom/**nale**
               Tom/bent/ les/ **feui**/lles/ du/ jar/**din**

Des octosyllabes (8 syllabes). Le rythme: 2 + 2 +4; 3 + 3 +2; 3 + 2 + 3; 1 + 3 + 4.

b)   Des/ mers/ **nais**/sent/, mon/**tées**
               d'o/cé/**ans**/ pré/ci/**pices**
               et/ d'a/**bî**/mes/ fa/**rouches**
               que/ l'i/**ma**/ge en/chan/**tée**
               ra/**mè**/ne a/**pai**/se et/ **couche**
               sur/ les/ **pla**/ges/ pro/**pices**

Des vers de six syllabes. Le rythme: 3 + 3; 3 + 3; 3 + 3; 3+ 3; 2 + 2 + 2; 3 + 3.

c) Ce/s a/**tô**/mes/ de/ **feu** //, qui/ sur/ la/ **Nei**/ge/ **brillent**,
    Ce/s é/tin/**cel**/les/ **d'or** //, d'a/**zu**/r, et/ de/ cris/**tal**,
    Dont/ l'Hi/**ve**/r, au/ So/**leil** //, d'un/ **lus**/tre o/ri/en/**tal**
    Pa/re/ ses/ Che/veux/ **blancs** // que/ les/ **Vent**/s é/par/**pillent**.
    Des alexandrins (12 syllabes). Le rythme: 3 + 3 // 4 + 2; 4 + 2 // 2 + 4; 3 + 3 // 2 + 4; 1 + 5 // 3 + 3.

d) Il/ l'é/trei/**gnit**/, ai/nsi/ qu'un/ **mort**/ é/treint/ sa/ **tombe**,
    Et/ s'ar/rê/**ta**/. Quel/qu'un/, d'en/ **haut**/, lui/ cri/a/: — **Tombe!**

Des alexandrins (12 syllabes). Le rythme: 4 + 4 + 4; 4 + 4 + 4.

2. a) Rejet b) Enjambement c) Contre-rejet

3.

Rythme	Vers 1	Vers 2	Vers 3	Vers 4
métrique	2 + 4 //	2 + 4 //	4 + 2 //	4 + 2 //
	4 + 2	4 + 2	3 + 3	2 + 4
rimes	12	12	12	12
pauses	2 + 10	2 + 1 + 9	6 + 6	12

4. On remarque d'abord la présence des blancs en début de lignes. Ensuite un rythme est soutenu par les répétitions. Les répétitions miment en quelque sorte le rythme de la marche. Dans les deux premières lignes la répétition de «long», «longueur», «longues», «longs» signale que ce procédé jouera un rôle important dans le verset. Les deux verbes «démarche» et «déroule», avec leurs premières syllabes identiques,

s'imposent avec beaucoup de force évoquant la marche assurée et cadencée de cette femme. Le mot «elle» est une sorte de ponctuation pour ces phrases sans beaucoup de ponctuation syntaxique; ce mot revient neuf fois. Dans les lignes 8 et 9 un groupe de mots se répète avec quelques variations: «sûre d'être un elfe», «sûre d'être assurée», «envie d'être assurée». Parfois s'installent aussi dans ces phrases des cadences métriques. Ainsi, dans la quatrième phrase, on trouve d'abord 6 syllabes, suivies de 4, et puis de trois groupes de mots qui se divisent aisément selon leur syntaxe en groupes de six syllabes:

Elle prospecte constamment (6 syllabes) l'écho des choses (4 syllabes), le plus souvent d'une pomme (6 syllabes)/ ou / de quelques fruits parfois (6 syllabes), elle demande un lait chaud (6 syllabes).

Bibliographie

Bergez, D., V. Géraud et J.-J. Robrieux. *Vocabulaire de l'analyse littéraire*. Paris: Dunod, 1994.

Chevalier, Jean et Alain Gheerbrant. *Dictionnaire des symboles*. Paris: Robert Laffont, 1969.

Dessons, Gérard. *Introduction à l'analyse du poème*. Paris: Bordas, 1991.

Dupriez, Bernard. *Gradus: Les Procédés littéraires*. Coll. 10/18. Paris: UGE, 1980.

Fontanier, Pierre. *Les Figures de discours*. Ed. Gérard Genette. Paris: Flammarion, 1968.

Fromilhague, Catherine et Anne Sancier. *Introduction à la stylistique*. Paris: Bordas, 1991.

Kerbrat-Orecchioni, Catherine. *L'Énonciation. De la subjectivité dans le langage*. Paris: Armand Colin, 1980.

Joubert, Jean-Louis. *La Poésie*. Paris: Armand Colin, 1988.

Leuwers, Daniel. *Introduction à la poésie moderne et contemporaine*. Paris: Bordas, 1990.

Mazaleyrat, Jean. *Éléments de métrique*. Paris: Armand Colin, 1990.

Molino, Jean et Joëlle Gardes-Tamine. *Introduction à l'analyse de la poésie*. 2 vols. Paris: Presses Universitaires de France, 1982.

Morier, Henri. *Dictionnaire de poétique et de rhétorique*. 4ᵉ éd. Paris: PUF, 1989.

Ricalens-Pourchot, Nicole. *Lexique des figures de style*. Paris: Armand Colin, 1998.

Riffaterre, Michael. *Sémiotique de la poésie*. Paris: Le Seuil, 1983.

Robert, Paul. *Dictionnaire historique de la langue française*. 2 vols. Paris: Dictionnaires Le Robert, 1992.

Robert, Paul. *Le Nouveau Petit Robert*. Paris: Dictionnaires Le Robert, 1993.

Saussure, F. de. *Cours de linguistique générale*. Paris: Payot, 1974.

Turiel, Frédéric. *L'Analyse littéraire de la poésie*. Paris: Armand Colin, 1998.

Vaillant, Alain. *La Poésie*. Paris: Nathan, 1992.

Index des Noms

Auteurs québécois

Autres auteurs francophones

Index des notions